Manuela Georgiakaki
Elisabeth Graf-Riemann
Anja Schümann
Christiane Seuthe

Beste Freunde

DEUTSCH FÜR JUGENDLICHE

Deutsch als Fremdsprache

Kursbuch

Hueber Verlag

Beratung:
PD Dr. habil. Marion Grein, Johannes Gutenberg-Universität Mainz

Beratung für fächerübergreifenden Unterricht:
Claudia Bartholemy, Universität Lausanne

6.   5.   4.   Die letzten Ziffern
2024   23   22   21   20   bezeichnen Zahl und Jahr des Druckes.
Alle Drucke dieser Auflage können, da unverändert,
nebeneinander benutzt werden.
1. Auflage
© 2015 Hueber Verlag GmbH & Co. KG, München, Deutschland
Umschlaggestaltung: Sieveking · Agentur für Kommunikation, München
Layout und Satz: Sieveking · Agentur für Kommunikation, München
Verlagsredaktion: Beate Dorner, Silke Hilpert, Anna Hila, Hueber Verlag, München
Druck und Bindung: Westermann Druck GmbH, Braunschweig
Printed in Germany
ISBN 978–3–19–501052-8

Art. 530_02967_001_04

Liebe Leserinnen, lieber Leser,

Beste Freunde – das könnten Ihre Lerner und dieses Buch werden!
Beste Freunde richtet sich an Jugendliche, die in Deutsch bereits Vorkenntnisse der Niveaustufe A1 und A2.1 haben. Es ist in überschaubaren und sicheren Schritten aufgebaut.

Begleitet werden die Lerner dabei von einer Freundesgruppe von Jugendlichen, denen sie in unterschiedlichen Situationen und kleinen Geschichten begegnen und die sie mit einer Vielzahl von Themen bekannt machen. Die Auswahl dieser Themen orientiert sich an den Vorgaben des *Gemeinsamen Europäischen Referenzrahmens für Sprachen* (GER).

Beste Freunde unterstützt ein aufgabenorientiertes, kommunikatives Lernen, das den aktuellen Gebrauch der Sprache berücksichtigt. Der kleinschrittige, systematische Aufbau von Grammatik, Wortschatz und Redemitteln sowie eine klare Aufgabenstellung sorgen dabei für Sicherheit und Transparenz.

Das Kursbuch ist in Module gegliedert. Jedes Modul umfasst drei kurze Lektionen zu je vier Seiten und wird von einem der Jugendlichen thematisch zusammengehalten. Auf einer Moduleinstiegsseite wird der jeweilige Protagonist bzw. die jeweilige Protagonistin in einem Porträt vorgestellt, zusammen mit den kommunikativen Lernzielen des Moduls. Unterschiedliche Lese- und Hörtexte sind der Ausgangspunkt für die systematische Spracharbeit in den Lektionen. In vielen Lektionen sind zudem Partnerübungen angelegt, die mit Partnerseiten im Arbeitsbuch verknüpft sind und eine Vertiefung des Lernstoffs ermöglichen. Jedes Modul enthält darüber hinaus eine magazinartige Seite mit interessanten Informationen zur Landeskunde, eine Projektseite für die Portfolio-Arbeit, sowie eine Grammatikübersicht, die den Grammatikstoff des Moduls übersichtlich zusammenfasst. Eine Wiederholungsseite mit binnendifferenzierenden Aufgaben zu allen drei Lektionen des Moduls bildet jeweils den Abschluss.

Allen, die mit *Beste(n) Freunde(n)* arbeiten, wünschen wir viel Spaß und Erfolg!
Die Autorinnen

Inhalt

Inhalt

Jonas

Test: Welcher Beruf passt zu dir?

Die Schule nervt? Du möchtest etwas anderes machen?
Aber was? Mach den Test und finde es heraus!

1. Welcher Typ bist du?
- ⊙ Ich bin sportlich und ziemlich aktiv.
- ⊙ Ich bin sehr kreativ und auch neugierig.
- ⊙ Ich bin eher der ruhige, schüchterne Typ.

2. Lernst du viel?
- ⊙ Immer! So oft wie möglich!
- ⊙ Nur, wenn ich Zeit und Lust habe.
- ⊙ Lernen? Viel? Schnell weg hier!

3. Was sind deine Lieblingsfächer?
- ⊙ Ich mag Englisch und Deutsch.
- ⊙ Ich liebe Sport und sonst nichts.
- ⊙ Mathematik und Informatik finde ich super.

4. Möchtest du in deinem Job viel reisen?
- ⊙ Unbedingt! Kein Job ohne Reisen!
- ⊙ Gern, aber es muss nicht unbedingt sein.
- ⊙ Ist mir jetzt nicht so wichtig. Lieber nicht.

5. Ist Geld sehr wichtig für dich?
- ⊙ Ich bin auch mit wenig Geld zufrieden.
- ⊙ Das Geld soll immer reichen.
- ⊙ Natürlich! Geld kann man nie genug haben!

6. Was machst du gern oder kannst du gut?
- ⊙ Ich habe viele Ideen und bin sehr kreativ.
- ⊙ Ich kann gut organisieren.
- ⊙ Ich bin sehr sozial und arbeite gern im Team.

7. Was machst du nicht so gern oder kannst du nicht so gut?
- ⊙ Ich bin sehr ungeduldig und kann nicht warten.
- ⊙ Ich bin manchmal zu nett.
- ⊙ Ich bin manchmal ziemlich faul.

1a **Lies den Test und Jonas' Antworten. Was weißt du nun über Jonas?**

• Er ist … Er mag … Er kann (nicht) …

b **Wie findest du Jonas?**

2 **Welcher Beruf ist gut für Jonas? Was glaubst du? Antworte in deiner Sprache.**

über den Lieblingsort sprechen ● ein Gespräch mit jemandem anfangen ● Zugehörigkeit ausdrücken ● sich entschuldigen und eine Entschuldigung annehmen ● Essen und Getränke bestellen ● Dinge und Personen beschreiben und charakterisieren ● höflich bitten ● über die Berufsausbildung sprechen ● über berufliche Aktivitäten sprechen ● Zufriedenheit ausdrücken ● zum Sprechen auffordern

Lernziele

28
LEKTION

Jonas

Frau Sauter und ihr Kind

Anna und Fabio

1a Der Reporter macht drei Interviews.
Hör zu und beantworte die Fragen.

1. Schau die Fotos an. Wie ist die Reihenfolge?
2. Ist das Rheinufer der Lieblingsort dieser Personen?

b Lies den Text. Er hat fünf Fehler. Hör dann noch einmal und finde die Fehler.

Der Reporter ist am Rheinufer. Die Leute
in München haben es als Lieblingsort
gewählt. Jonas ist fast jeden Sonntag
hier. Er trifft hier seine Freunde und
5 dann schauen sie Trial-Fahrern zu. Frau
Sauter kommt fast täglich mit ihrer
Tochter. Das Kind liebt den Spielplatz,
die Mutter ein Café. Dieses Café ist ihr
Lieblingsort, denn dort kann sie draußen
10 sitzen, eine Tasse Kaffee trinken und ein
Buch lesen. Anna, Fabio und ihre Freunde
treffen sich auch oft hier. Sie reden, hören
Musik und sehen die Trial-Fahrer.
Diesen Sport findet Anna gefährlich, aber
15 sie möchte ihn auch gern machen.

c Hör noch einmal und korrigiert zu zweit die Fehler.

2 Hast du einen Lieblingsort? Welchen? Wo ist er? Wie oft bist du dort und was machst du da?
Schreib einen Text.

Mein Lieblingsort ist ein Platz.
Dieser Platz heißt (?) und
ist in (?). Ich bin (?) dort
und (?).

(fast) täglich • jeden Nachmittag • zweimal pro Woche • ...

Demonstrativartikel dies- im Nominativ

Mein Lieblingsort ist	ein Platz. Dieser Platz ...
	ein Café. Dieses Café ...
	eine Straße. Diese Straße ...

→ AB, Ü 1–3   GRAMMATIK, Ü 4   Ü 5

3 **Wählt einen Ort. Spielt dann Dialoge.**

1. ◆ Kennst du das Odeon-Kino?
   ▲ Na klar. Aber dieses Kino mag ich nicht.
   ◆ Warum denn nicht?
   ▲ Weil es da kein Popcorn gibt.
   ◆ ⟨ Ach so. Da hast du natürlich recht.
       Stört dich das? Das macht doch nichts.

2. ■ Kennst du den Europaplatz?
   ● Na klar. Diesen Platz mag ich ganz besonders.
   ■ Echt? Warum denn?
   ● Weil ich da jeden Nachmittag meine Freunde treffe.
   ■ Ach so, klar.

(→) AB, Ü 6 |

4a **Schau die Bilder an und lies den Titel. Für wen ist der Text?**

(a) für Jungen   (b) für Touristen   (c) für Köche

Köln spezial für junge Leute

Ihr seid nur einen Tag in Köln? Diese Tipps helfen euch: Ihr müsst auf jeden Fall die Altstadt sehen und den Dom besuchen. Diese Kirche ist berühmt, ihre Türme sind
5 über 150 Meter hoch! Auf der „Domplatte", dem Platz vor dem Dom, gibt es viele Straßenkünstler, Musiker oder Breakdancer. Vom Dom zum Rheinufer ist es nicht weit.

Köln von oben

Straßenkünstler auf der Domplatte

Das Schokoladenmuseum

Himmel und Erde (Äpfel und Kartoffeln)

Ihr könnt dort das Schokoladenmuseum
10 besuchen oder den Zoo. Und außerdem gibt es dort diese Brücke mit den meisten Liebesschlössern in Deutschland: die Hohenzollernbrücke. Dann noch „Himmel und Erde" mit Würstchen essen oder einen
15 Hamburger … und der Tag ist schon vorbei. Und deshalb müsst ihr unbedingt noch mal wiederkommen, dann aber mit mehr Zeit. Viel Spaß in Köln!

b **Lies nun den Text in 4a und beantworte die Fragen.**

1. Welche Kirche in Köln ist sehr berühmt?
2. Wie hoch sind ihre Türme?
3. Was gibt es auf der Domplatte?
4. Was kann man am Rheinufer besuchen?

5. Wo gibt es die meisten Liebesschlösser in Deutschland?
6. Was kann man in Köln essen?

c **Was möchtest du in Köln gern machen?**

(→) AB, Ü 7 |

5a **Schaut das Bild an. Wo passiert das? Fragt und antwortet.**

1. Eine Frau tröstet ihren Sohn, denn sein Spielzeug ist kaputt und er weint.
2. Ein Mann sitzt auf einer Bank und liest Zeitung.
3. Jemand joggt.
4. Da passiert ein Unfall und ein Junge verletzt sich.
5. Eine Frau und ihre Enkelin füttern Vögel.
6. Da fährt jemand mit einem Moped auf dem Platz und eine Frau schimpft.
7. Jonas springt mit dem Fahrrad über die Bank.
8. Jemand stiehlt ein Portemonnaie.
9. ...

> Eine Frau tröstet ihren Sohn, ... Wo passiert das?

> In D4.

b **Macht in Gruppen lustige Sätze zu dem Bild in 5a. Die anderen korrigieren.**

> Ein Vogel joggt.

> Quatsch! Ein ...

c Schau noch einmal das Bild in 5a an. Wer sagt oder denkt das?

① Oh, da! Der Junge hat sich verletzt. Es geht ihm nicht gut. Jemand muss ihm helfen.

② Hey, bist du verrückt? Pass doch auf!

④ Gib den Vögeln Brot, Mia. Das schmeckt ihnen.

Halt! Gib ihr sofort das Portemonnaie zurück! ⑤

③ Die Tasche ist offen. Das gefällt mir.

→ AB, Ü 8–10   GRAMMATIK, Ü 11   Ü 12–13 ▌

Personalpronomen im Dativ

er → Es geht ihm nicht gut.
sie → Gib ihr das Portemonnaie zurück.
sie → Das schmeckt ihnen.

6 Spiel mit deiner Partnerin / deinem Partner.
(Arbeitsbuch: **A** = Seite 87 und **B** = Seite 89)

7a Schau das Bild rechts an. Wem gehört das Handy?
Was glaubst du?

b Hör zu und beantworte die Fragen.

2))
1. Wem gehört das Handy?
2. Wer hat es gefunden?
3. Was schlägt Jonas vor?

8 Sammelt Handys, Portemonnaies, Kulis,
Schlüssel ... von euren Mitschülern
und eurer Lehrerin / eurem Lehrer ein.
Spielt dann Dialoge.

Entschuldigung, gehört dir das Portemonnaie?

Nein, das Portemonnaie gehört mir nicht.

◆ Entschuldigung, gehört dir das Handy?
● Ja, klar. Das ist mein Handy.

▲ Hi, gehört euch vielleicht das Handy?
■ Nein, das Handy gehört uns nicht.
▲ Frau/Herr ..., gehört Ihnen das Handy?
◆ Ja, das Handy gehört mir.

→ AB, GRAMMATIK, Ü 14   Ü 15 ▌

Personalpronomen im Dativ

Sie → Entschuldigung, gehört Ihnen das Handy?

29 LEKTION

(A)

(B)

1a Schau die Bilder an. Zu welchem Bild und zu welcher Person passt die Sprechblase?

b Hör zu. Korrigiere dann die Sätze.

3 ⏵)))
1. Anna wartet schon eine halbe Stunde.
2. Jonas hatte ein Gespräch mit seinem Vater.
3. Anna ist sauer und geht weg.

> Entschuldige, tut mir echt leid ...

2 Wie reagierst du? Wie lange wartest du in so einer Situation?

▼ Ich bin sauer. Ich warte vielleicht ... Dann ...
■ Das ist mir egal.

3 Schreib Rollenkärtchen wie im Beispiel. Entschuldige dich dann bei deiner Partnerin / deinem Partner. Sie/Er antwortet.

Du kommst zu spät zum Kino.

Du hast nicht zum Geburtstag angerufen.

Ihr redet zusammen, aber du hast gerade nicht zugehört.

● Entschuldige, dass ich zu spät komme!

◆ ☺ ← Kein Problem!
Das macht nichts.
Schon okay.

☹ Das finde ich nicht so toll!

→ AB, Ü 1–2

4a Lies die Speisekarte und hör zu. Was bestellen Jonas und Anna?

4 ⏵)))

Eiscafé RIVA

Eis

3 Kugeln	2,50 €
(Vanille, Schokolade, Erdbeere, Zitrone, Mango, Stracciatella)	
Spaghetti-Eis	3,80 €

Eisgetränke

Eisschokolade	3,50 €
Eiskaffee	4,50 €

Torten, Kuchen (Stück)

Apfelkuchen	2,50 €
Zitronentorte	2,80 €
Schokoladentorte	3,00 €

Getränke, kalt

Orangensaft	1,80 €
Apfelsaft	1,80 €
Mineralwasser	1,50 €

b **Lies die Aussagen und hör noch einmal. Wer sagt das? Jonas, Anna oder die Kellnerin?**

4))

1. (?): Können wir bestellen, bitte?

2. (?): Ja, gern.

3. (?): Was möchtest du, Anna?

4. (?): Ich hätte gern drei Kugeln Eis: Vanille, Erdbeere und Stracciatella.

5. (?): Gern. Und du?

6. (?): Ich nehme eine Eisschokolade und ein Stück Schokoladentorte, bitte.

7. (?): Ein Eis, eine Eisschokolade und ein Stück Schokoladentorte. Kommt sofort.

5 **Spielt zu dritt den Dialog in 4b. Schaut dann die Speisekarte in 4a an und macht ähnliche Dialoge. Jeder Gast hat fünf Euro. Tauscht die Rollen.**

Mit *ich hätte gern* kannst du deine Wünsche und Bitten höflicher machen.

Konjunktiv II: haben

ich	hätte
du	hättest
er/es/sie	hätte

Ich hätte gern drei Kugeln Eis.

→ AB, Ü 3   GRAMMATIK, Ü 4   Ü 5–7 ▮

6a **Schau die Bilder an. Was glaubst du, wie ist die Reihenfolge? Hör dann zu und kontrolliere.**

5))

(A)

(B)

(C)

b **Hör noch einmal. Was ist richtig, ⓐ oder ⓑ?**

5))

1. Leon und Benjamin ⓐ waren mit Jonas im Café verabredet. ⓑ haben Jonas im Café gesehen.

2. Die Jungen haben ⓐ eingekauft. ⓑ Hausaufgaben gemacht.

3. Das Geschäft am Neumarkt ist ⓐ sehr teuer. ⓑ nicht so teuer.

4. Jonas sagt, dass Leon ⓐ X-Beine 🦵 ⓑ O-Beine 🦵 hat.

5. Jonas sagt, dass das Sweatshirt ⓐ zu weit 👗 ⓑ ein bisschen eng 🧍 ist.

6. Jonas möchte ⓐ sofort in das Geschäft mitgehen. ⓑ den Prospekt anschauen.

→ AB, Ü 8 ▮

7 **Wie fühlt sich Anna? Was glaubst du? Warum?**

8a Schau den Prospekt an und lies die Informationen. Welche Kleidungsstücke sind für Jungen? Welche für Mädchen? Welche für beide? Schreib auf.

New Collection

Hose
grün, blau, schwarz
59,40 €

Mütze
grün
13,99 €

Jacke
kariert
65,80 €

Schal
bunt
11,90 €

Sweatshirt
weiß, grau
24,80 €

Gürtel
braun
19,90 €

Leggings
gestreift
(in allen Farben)
8,50 €

Stiefel
braun, schwarz
79,90 €

für Jungen: die Hose, ...
für Mädchen: ...
für beide: ...

b Lies die Kommentare von Jonas, Leon und Benjamin.
Wie heißen die Kleidungsstücke?

① Hey, ich suche noch ein Geschenk für meine Schwester. Wie gefällt euch der bunte (?)? Cool, oder?

Schaut mal, ist die blaue (?) nicht toll? Ich finde sie super! ③

Cool! Die grüne (?) kaufe ich mir. Ich habe von meinem Opa Geld bekommen. ④

② Mann, die gestreiften (?) sind ja schrecklich! Wer kauft denn so was?!

Hey, wie gefällt euch das graue (?)? Ich wünsche es mir vielleicht zum Geburtstag! ⑤

→ AB, Ü 9

9 Wie gefallen euch die Kleidungsstücke in 8a?
Macht eine Kettenübung.

● Elena, gefällt dir das graue Sweatshirt?
 ◆ Ja, super! Linus, gefallen dir ...
  ▲ Nein, überhaupt nicht. ☹ ☹ ...

→ AB, Ü 10   GRAMMATIK, Ü 11   Ü 12–13

bestimmter Artikel
+ Adjektiv im Nominativ

der bunte Schal
das graue Sweatshirt
die blaue Hose
die gestreiften Leggings

Deutsch
Geografie

10a **Lies Annas Brief an Frau Dr. Brandt. Was ist Annas Problem?**

(a) Anna mag kein Eis.
(b) Anna hat sich mit Jonas' Freunden gestritten.
(c) Anna ist nie mit Jonas allein.

SUPER –
die Jugendzeitschrift

Du hast eine Frage oder ein Problem? Dann schreib uns. Unsere Psychologin, Frau Dr. Brandt, antwortet.

Liebe Frau Dr. Brandt,
bitte helfen Sie mir! Ich habe vor kurzem einen Jungen kennengelernt. Er ist ein bisschen älter als ich und sieht ziemlich gut aus. Ich finde ihn total cool. Ich glaube, ich bin sogar ein bisschen verliebt. Ich möchte ihn gern öfter sehen und mit ihm reden, aber er ist immer nur mit seinen Freunden zusammen. Wir können nie mal allein sein.
Letzte Woche hat er mich in ein Eiscafé eingeladen, ich war so glücklich! Aber dann sind plötzlich seine Freunde in das Café gekommen und er hat mich gar nicht mehr angeschaut! Er hat nur noch mit ihnen gesprochen. Eigentlich finde ich seine Freunde ganz nett. Aber ich möchte eben nicht, dass sie immer dabei sind. Was kann ich tun? Bitte geben Sie mir einen Tipp! Wie kann ich mal mit ihm allein sein? Soll ich mal mit seinen Freunden sprechen? Bitte antworten Sie bald!
Anna B., Köln

b **Lies den Text in 10a noch einmal. Ist das richtig (r) oder falsch (f)?**

1. Anna möchte sich gern öfter mit Jonas treffen. (r) (f)
2. Anna glaubt, Jonas findet sie nicht nett. (r) (f)
3. Anna mag Jonas' Freunde. (r) (f)
4. Anna möchte Jonas' Freunden eine E-Mail schreiben. (r) (f)

11 **Lies die Sätze. Welche Bitten formuliert Anna in ihrem Brief an Frau Dr. Brandt?**

1. Bitte geben Sie mir Ihre Telefonnummer!
2. Bitte helfen Sie mir!
3. Bitte seien Sie nicht böse!

4. Bitte antworten Sie bald!
5. Rufen Sie mich an!
6. Bitte geben Sie mir einen Tipp!

12 **Formuliert drei Bitten an eure Lehrerin / euren Lehrer.**

Bitte geben Sie uns heute keine Hausaufgaben auf!

Bitte …

Imperativ in der Sie-*Form*

Erzählen Sie uns einen Witz!
(!) Seien Sie nicht böse!

(→) AB, GRAMMATIK, Ü 14   Ü 15–16

13a **Lies Frau Dr. Brandts Antwort und beantworte die Fragen.**

1. Warum soll Anna vorsichtig sein?
2. Was darf Jonas nicht denken?
3. Was soll Anna Jonas sagen?

b **Wie findest du Frau Dr. Brandts Tipps?**

(→) SCHREIBTRAINING, Ü 17–18

SUPER – die Jugendzeitschrift

Liebe Anna,
ich verstehe, dass Du auch einmal mit dem Jungen allein sein möchtest. Das ist doch klar. Aber sei ein bisschen vorsichtig: Er möchte bestimmt nicht zwischen Dir und seinen Freunden wählen! Und es ist doch schön, dass er so gute Freunde hat und dass er gern mit ihnen zusammen ist. Das ist ganz normal. Du musst aufpassen: Er darf nicht denken, dass Du seine Freunde nicht magst! Aber sag ihm auf jeden Fall, dass Du Dich auch gern einmal mit ihm allein treffen möchtest. Das versteht er sicher!

Deine Barbara Brandt

Mach doch ein Praktikum!

30 LEKTION

1 Schau das Bild an. Was ist mit Jonas los? Was glaubst du?

(a) Er hat Stress zu Hause.   (b) Die Schule nervt ihn.   (c) Er hat Probleme mit einem Mädchen.

2a Hör Jonas' Song. Welche Aussagen passen zu ihm?

6 ◉)))
1. Lernen macht keinen Spaß.   3. Schule ist einfach nur stressig.
2. Lernen ist wichtig.   4. Deine Freunde helfen dir und dann ist das kein Problem.

b Hör noch einmal. Was mag Jonas nicht?

6 ◉)))
(a) die blöde Schule   (d) die schwierigen Vokabeln   (f) die großen Ferien
(b) die dummen Aufsätze   (e) die stundenlangen   (g) den doofen Unterricht
(c) die langweiligen Spiele   Hausaufgaben   (h) das schlechte Zeugnis

3 Lies den Liedtext mit deiner Partnerin / deinem Partner.
(Arbeitsbuch: **A** = Seite 88 und **B** = Seite 90)

4a Was ist positiv ☺, was negativ ☹? Schreib passende Adjektive zu den Nomen.

> Ferien • Vokabeln • Pause • Mathelehrer •
> Unterricht • Prüfung • Zeugnis • ...

> interessant • schwer • doof • schwierig •
> stressig • streng • witzig • kurz • schlecht • ...

☺ *Ferien: lang, schön, ...* | ☹ *Vokabeln: blöd, ...*

b Mach ein Interview mit deiner Partnerin / deinem Partner. Notiere die Antworten.

◆ Was findest du gut in der Schule?
▲ Den netten Mathelehrer und ...

◆ Was magst du nicht?
▲ ...

bestimmter Artikel
+ Adjektiv im Akkusativ

den netten Mathelehrer
das schlechte Zeugnis
die schwere Prüfung
die blöden Vokabeln

c Berichte über deine Partnerin / deinen Partner in der Klasse.

(→) AB, Ü 1   GRAMMATIK, Ü 2   Ü 3–5 |

5a Lies den Text. Wo steht das?
Was meint ihr?

ⓐ auf der BiZ-Webseite
ⓑ in der Schule an der
Info-Wand

INFORMATIONSVERANSTALTUNG VOM BiZ

Was? Herr Reiter vom BiZ beantwortet eure Fragen zu den
Themen Berufe, Praktikum, Bewerbung und Ausbildung.
Wo? Klassenraum 234
Wann? Freitag, 12. Mai, 9–13 Uhr

BiZ Berufs
Informations
Zentrum

---

b Lies die Sätze und die Wörter. Was passt zusammen?

1. Du lernst einen Beruf und machst am Ende eine Prüfung.
2. Du möchtest einen Beruf kennenlernen und hilfst für ein paar Wochen
oder Monate in einer Firma oder in einem Geschäft mit.
3. Du schreibst einen Brief an eine Firma und schickst dein Zeugnis mit.

Praktikum ✗
Bewerbung ✗
Ausbildung

6a Hör jetzt den Anfang des Gesprächs. Was ist richtig, ⓐ oder ⓑ?

7 ⊙))

1. Jonas möchte, dass Herr Reiter ⓐ du ⓑ Sie zu ihm sagt.
2. Jonas geht in die ⓐ achte ⓑ neunte Klasse Realschule.
3. Jonas möchte ⓐ nicht mehr zur Schule ⓑ in eine andere
Schule gehen.
4. Sein Lieblingsfach ist ⓐ Musik. ⓑ Sport.
5. Herr Reiter sagt, Jonas soll ⓐ eine Ausbildung machen.
ⓑ zuerst die Schule zu Ende machen.

b Schau die Bilder an und hör das Gespräch weiter.
Herr Reiter und Jonas sammeln Ideen für ein Praktikum. Welche Orte nennen sie?

8 ⊙))

Ⓐ
Bäckerei

Ⓑ
Friseursalon

Ⓒ
Büro

Ⓓ
Kindergarten

Ⓔ
Supermarkt

Ⓕ
Flughafen

Ⓖ
SportProfi
(Sportgeschäft)

Ⓗ
Krankenhaus

c Hör jetzt das Ende des Gesprächs. Was ist richtig?

9 ⊙))

Herr Reiter sagt am Ende, Jonas soll

ⓐ ihm zuerst eine E-Mail mit seiner Bewerbung schicken.
ⓑ direkt zum Flughafen gehen und sich vorstellen.
ⓒ zuerst dort anrufen und dann eine Bewerbung schicken.

→ AB, Ü 6 |

7a **Lies die Anzeigen. Wo kann man ein Praktikum machen?**

> bei SportProfi ✖ am Flughafen ✖ in der Bäckerei ✖
> bei Meyer & Co ✖ im Kindergarten ✖ im Krankenhaus

---

www.praktikumsplatz.de

Ⓐ Liebe Schülerinnen und Schüler! Ihr liebt Technik, seid fit am Computer und wollt vielleicht Techniker/in oder Informatiker/in werden? Warum macht ihr nicht einfach ein Praktikum am Flughafen Köln-Bonn? In drei Wochen könnt ihr verschiedene Abteilungen kennenlernen.
Interesse? Schickt eure Bewerbung per E-Mail an: praktikum@koeln-bonn-airport.de

Ⓑ Du bist nett und freundlich? Du hast gern Kontakt mit Menschen? Du magst die Arbeit
im Büro? Du willst in einer Exportfirma arbeiten, bist aber noch nicht sicher?
Dann bist du bei Meyer & Co richtig! Bewerbungen bitte an:
schuelerpraktikum@meyer_co.de

Ⓒ Du bist sympathisch und möchtest gern mit Menschen arbeiten? Du willst anderen helfen?
Du möchtest Krankenschwester/Krankenpfleger werden? Bei uns im Humboldt-Krankenhaus
kannst du ein Praktikum machen. Du musst mindestens 15 Jahre alt sein, in Köln wohnen
und zwei Wochen Zeit haben. Schreib bitte an: Humboldt-Krankenhaus, Frau Marga Poscher,
poscher@humboldt-kh.de

---

b **Lies noch einmal die Anzeigen in 7a und beantworte die Fragen.**

	am Flughafen	bei Meyer & Co	im Krankenhaus
1. Wie soll man sein?			
2. Was soll man gerne mögen/machen?			
3. Was kann man werden?			

> Du sagst *bei* + Firma, z.B. bei Meyer & Co.

c **Wo machen diese Jugendlichen ein Praktikum?**

Lina und Tessa   Oliver   Jakob   Marina   Max

→ AB, Ü 7–8

8 **Was möchtest du später werden? Sag drei Berufe, die anderen raten. Was ist richtig?**

◆ Ich möchte später vielleicht ..., ... oder ... werden.

● Hm, ich glaube, dass du ...

→ AB, Ü 9–10

> Arzt/Ärztin • Polizist/in • Koch/Köchin •
> Friseur/in • Model • Architekt/in •
> Hausfrau/Hausmann • Informatiker/in •
> Schauspieler/in • Bäcker/in • Lehrer/in •
> Ingenieur/in • Verkäufer/in •...

9a Lies noch einmal die Anzeige A in **7a**. Lies dann den Text von Jonas.
Welche drei Abteilungen hat Jonas kennengelernt?

Bewerte dein Praktikum am Flughafen

Mein Praktikum am Flughafen Köln-Bonn hat drei Wochen gedauert
und war wirklich interessant. Ich durfte jede Woche in einer
anderen Abteilung arbeiten. Zuerst war ich im IT-Service, das
war spannend. Da durfte ich auch schon ziemlich viel allein
5 machen. Eigentlich wollte ich auch gern mal im Tower arbeiten,
aber das war leider nicht möglich. Dann habe ich in der
Gepäckabteilung mitgeholfen: ein bisschen langweilig und
ziemlich anstrengend, aber die Kollegen waren alle sehr nett.
In der Abteilung „Service und Information" war ich in der dritten Woche. Einmal waren
10 am Check-in sehr viele Mitarbeiter krank. Ich musste dann an den Automaten stehen und
sollte den Leuten helfen. Meine Kollegin hat mir alles erklärt. Das war echt ziemlich
stressig, aber in der Zeit habe ich sehr viel gelernt! Das finde ich super. Abends war
ich immer total müde und kaputt und konnte nicht mal fernsehen. Ich wollte nur noch ins
Bett gehen und schlafen. So ein Job am Flughafen ist auf jeden Fall anstrengender als
15 Schule, aber auch interessanter! Insgesamt bin ich eigentlich ganz zufrieden mit
dem Praktikum.

b Lies den Text in **9a** noch einmal und beantworte die Fragen.

1. Was durfte Jonas in seinem Praktikum machen?
2. Wo wollte Jonas gern mal arbeiten?
3. Wo musste er in der Abteilung
   „Service und Information" helfen?
4. Was sollte er da machen?
5. Was konnte er abends nicht machen?
6. Was wollte er am liebsten machen?

Modalverben: Präteritum	
ich	konnte, musste, durfte, wollte, sollte
du	konntest, musstest, durftest, wolltest, solltest
er/es/sie	konnte, musste, durfte, wollte, sollte

→ AB, Ü 11–12 GRAMMATIK, Ü 13 ▎

10 Nora und Lena haben ein Praktikum gemacht. Was erzählen sie? Sprecht zu zweit.

Lena

Krankenhaus • verschiedene Abteilungen kennenlernen (können) • leider
jeden Morgen früh aufstehen (müssen) • mittags den Kranken beim Essen
helfen (sollen) • am liebsten immer mit den kranken Kindern spielen (wollen) •
manchmal mit den alten Menschen im Park spazieren gehen (dürfen)

Nora

IT-Firma Doll • nur in einer Abteilung arbeiten (dürfen) • nachmittags nur Zahlen
am Computer schreiben (müssen) • jeden Morgen Kaffee kochen (sollen) • leider
nie lange Pause machen (dürfen) • auch mal interessante Dinge machen (wollen)

▲ Hey Lena, wo hast du denn dein Praktikum gemacht? Erzähl doch mal.
■ Im Krankenhaus. Das war ganz o.k. Ich konnte verschiedene Abteilungen kennenlernen.
  Leider ... Mittags ... Und du? Wo ...?

→ AB, Ü 14–15 ▎

Landeskunde

Berühmte Plätze

1 Schaut die Bilder an. Kennt ihr diese Städte? Sucht die Städte auf der Landkarte vorne.

(A)

Der Römerberg in
Frankfurt am Main

Frankfurt

Weltberühmt ist der Frankfurter „Römer", so nennt man das Rathaus der Stadt (auf dem Bild links). Es hat dem Platz den Namen gegeben: Römerberg. Hier finden seit vielen hundert Jahren Märkte, Versammlungen und Feste statt. Er ist einer der schönsten Plätze in Deutschland. Die Häuser haben alle Namen, zum Beispiel „Großer Engel" oder „Schwarzer Stern". Zwischen Römerberg und Hauptbahnhof liegt das Frankfurter Bankenviertel mit seinen modernen Hochhäusern.

(B)

Der Mehlplatz in Graz

Graz

Die Altstadt von Graz ist seit 2011 UNESCO-Weltkulturerbe. Und der Mehlplatz, der vielleicht schönste Platz, liegt mitten in der Altstadt. Schöne Häuser, elegante Geschäfte, Cafés, Bäume findet man hier. Im Sommer sitzen die Menschen draußen in den Cafés, im Dezember gibt es hier am Mehlplatz einen bekannten Weihnachtsmarkt, den „Adventmarkt".
In Graz gibt es aber auch ganz moderne Architektur, zum Beispiel das Kunsthaus Graz (Spitzname „Freundlicher Alien") und die neue Insel über dem Fluss Mur.

(C)

Der Bürkliplatz in Zürich

Zürich

Der Bürkliplatz ist ein Platz in der Stadt Zürich, am Zürichsee. Alle wichtigen Bus- und Straßenbahnlinien kommen zum Bürkliplatz. Hier kann man sogar ein Wassertaxi nehmen. Auf dem Bürkliplatz gibt es viele Bäume und hier dürfen keine Autos fahren. An einigen Tagen der Woche gibt es einen großen Gemüse- und Blumenmarkt. Der Flohmarkt am Bürkliplatz, zwischen Nationalbank und See, findet von Mai bis September immer am Samstagvormittag statt. Zürich ist die größte Stadt der Schweiz.

2 Lies die Texte in 1 und korrigiere die Sätze.

1. Der Römerberg ist ein moderner Platz in Frankfurt.
2. Alle wichtigen Banken sind am Römerberg.
3. Der Grazer Mehlplatz heißt auch „Freundlicher Albert".
4. Die neue Mur-Insel in Graz ist UNESCO-Weltkulturerbe.
5. Der Bürkliplatz in Zürich liegt am Fluss Limmat.
6. Auf dem Bürkliplatz gibt es den berühmten Schweizer Käsemarkt.

3 Sucht im Internet Informationen zu Frankfurt, Graz oder Zürich.
Was möchtet ihr dort noch sehen?

Das ist unser Lieblingsort!

1 Habt ihr einen Lieblingsort in der Stadt?
Sammelt Ideen und macht Notizen.

- Was kann man dort alles machen?
- Was gefällt euch dort?
- Wie fühlt ihr euch dort?

2a Macht Fotos von eurem Lieblingsort.
Ihr könnt auch einen kleinen Film mit dem Handy drehen.

b Wählt die besten Fotos aus und schreibt einen Text über euren Ort.

c Stellt eure Fotos und Texte auf einem Plakat zusammen.

Unser Lieblingsort

In der Stadt ist ein großer Parkplatz.
Er gehört zu einem Supermarkt und ist
sicher nicht besonders schön. Aber wir
finden ihn super. Wir treffen uns
manchmal nach der Schule dort. Dann
reden wir, erzählen von nervigen Lehrern oder doofen
Prüfungen, holen uns eine Limo oder Cola im Supermarkt
und manchmal eine Packung Chips. Hinter dem Parkplatz
gibt es einen kleinen Park. Leute gehen mit ihren Hunden
dort spazieren, man kann auf einer Bank sitzen,
miteinander reden und ein bisschen Unsinn machen.

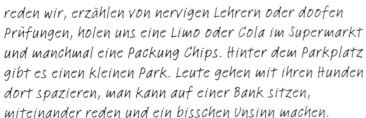

Einmal hat jemand eine Slackline zwischen zwei Bäumen
aufgehängt, das war sehr lustig! Am Sonntag gibt es
immer einen Flohmarkt auf unserem Parkplatz. Einmal
haben wir auch schon selbst Sachen verkauft, Kleider,
Bücher, CDs und Spiele.

Wir finden unseren Parkplatz sehr schön. Nur die
Skateboarder wünschen sich, dass sie hier Skateboard
fahren und trainieren dürfen. Aber das will der
Supermarkt nicht und das können wir sogar verstehen. ;-)

3 Präsentiert euer Plakat oder den Film in der Klasse.
Welcher Lieblingsort gefällt euch am besten?

Grammatik

● Imperativ

Infinitiv	Imperativ		
	du-Form	ihr-Form	Sie-Form
schreiben	schreib!	schreibt!	schreiben Sie!
anfangen	fang an!	fangt an!	fangen Sie an!
sein	sei!	seid!	seien Sie!

Sie schreiben → Schreiben Sie!

Schreiben Sie mir bitte eine E-Mail!

● Modalverben Präteritum

	können	müssen	dürfen	wollen	sollen
ich	konnte	musste	durfte	wollte	sollte
du	konntest	musstest	durftest	wolltest	solltest
er/es/sie	konnte	musste	durfte	wollte	sollte
wir	konnten	mussten	durften	wollten	sollten
ihr	konntet	musstet	durftet	wolltet	solltet
sie/Sie	konnten	mussten	durften	wollten	sollten

müssen   ich musste

auch so:
können   o
dürfen   u

> Ich habe ein Praktikum am Flughafen gemacht. Ich musste an den Automaten stehen und sollte den Leuten helfen.

> Ich hätte gern sechs Kugeln Eis.

● Konjunktiv II: *haben* (höfliche Bitte)

ich	hätte	wir	hätten
du	hättest	ihr	hättet
er/es/sie	hätte	sie/Sie	hätten

Präteritum:
ich hatte

Konjunktiv II:
ich hätte

> Mein Lieblings-ort ist ein Strand. Dieser Strand ist auf Sylt. Ach, ich liebe diesen Strand!

● Demonstrativartikel *dies-*

	Nominativ	Akkusativ	Dativ
Singular	dieser Strand	diesen Strand	diesem Strand
	dieses Ferienhaus	dieses Ferienhaus	diesem Ferienhaus
	diese Straße	diese Straße	dieser Straße
Plural	diese Dinge	diese Dinge	diesen Dingen

Personalpronomen: Dativ

Nominativ	ich	du	er	es	sie	wir	ihr	sie	Sie
Dativ	mir	dir	ihm	ihm	ihr	uns	euch	ihnen	Ihnen

Gehört Ihnen das Smartphone?

Nein, es gehört mir nicht, es gehört ihm.

bestimmter Artikel + Adjektiv im Nominativ/Akkusativ

Nominativ		Akkusativ	
Das ist	der blaue Schal.	Ich brauche	den blauen Schal.
	das grüne Sweatshirt.		das grüne Sweatshirt.
	die rote Hose.		die rote Hose.
Das sind	die gelben Leggings.		die gelben Leggings.

Der Schal hier ist rot. Aber der rote Schal gefällt mir nicht. Ich finde den blauen Schal schöner.

Syntax: Verben mit Dativ

Der Kaffee	schmeckt	der Lehrerin	sehr gut.
Der Lehrerin	schmeckt	der Kaffee	sicher gut.
Das Cáfe	gefällt	mir	sehr gut.
Gehört	dir	das Portemonnaie?	

auch so: helfen, zuschauen, zuhören, gut gehen (es), zeigen, erklären, geben, kaufen

Ich kann ...

über meinen Lieblingsort sprechen:
Mein Lieblingsort ist ein Platz.
Dieser Platz heißt Europaplatz.

ein Gespräch mit jemandem anfangen:
Entschuldigung, gehört dir das Handy?
Hi, wie geht es dir?

Zugehörigkeit ausdrücken:
● Gehört Ihnen die Tasche?
▼ Oh, danke. Ja, sie gehört mir.

mich entschuldigen und eine Entschuldigung annehmen:
● Entschuldigung, dass ich zu spät komme. Tut mir echt leid.
◆ ☺ Kein Problem. / Das macht doch nichts. /
☹ Das finde ich nicht so toll.

Essen und Getränke bestellen:
Können wir bestellen, bitte?
Ich hätte gern ein Stück Schokoladentorte. /
Ich nehme eine Eisschokolade.

Dinge und Personen beschreiben und charakterisieren:
▼ Wie findest du die roten Leggings? ◆ Toll.
■ Ich mag den netten Mathelehrer. ● Ich auch.

über die Berufsausbildung sprechen:
Jonas möchte nicht Polizist werden. Er möchte ein Praktikum machen. Er schickt zuerst eine Bewerbung, dann stellt er sich vor. Vielleicht macht er nach der Schule eine Ausbildung am Flughafen.

über berufliche Aktivitäten sprechen:
Er musste in der Abteilung „Service und Information" helfen. Die Arbeit war stressig. Dann hat er beim Gepäck gearbeitet.

Zufriedenheit ausdrücken:
Ich bin zufrieden mit meinem Praktikum.

zum Sprechen auffordern:
● Erzähl doch mal! ▲ Ich habe ein Praktikum im Krankenhaus gemacht.

Lektion 28

1 Spielt zu zweit. Zeichnet die Wortschlange zum Thema *Platz* in euer Heft und ergänzt abwechselnd. Jedes neue Wort beginnt mit dem letzten Buchstaben des vorigen Wortes. Welches Paar findet zehn Wörter?

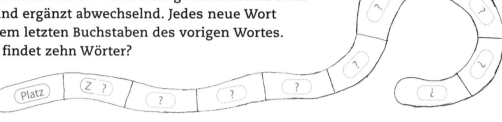

2 Wem gehört das Portemonnaie? Zeigt auf die Portemonnaies und sprecht in Gruppen.

● Ich glaube, dass dieses Portemonnaie Anna gehört.

◆ Nein. Ich glaube, es gehört ihr nicht. Vielleicht gehört es Luisa.

▲ Ja, das denke ich auch.

> Jonas ✕ Sofie ✕ Anna ✕
> Luisa ✕ Fabio

Lektion 29

1 Bildet zwei Gruppen A und B. Gruppe A nennt ein Nomen, Gruppe B findet ein passendes Adjektiv. Wer hat die meisten Punkte?

A: der Pullover → B: der blaue Pullover
B: die Klassenarbeit → A: die schwierige Klassenarbeit

Gruppe A	Gruppe B
I	I

2 Schreibt zu zweit einen Dialog. Spielt ihn dann in der Klasse vor.

Lektion 30

1 Wo kann man arbeiten? Ergänzt zu zweit Orte. Berichtet dann in der Klasse.

B
?	Ü	?	?	?	?	?	?
A	R	B	E	I	T	E	N
?	O	?	?	?	?	?	?

> Man kann im Büro arbeiten, bei ...

2 Was findet der Schüler in der Schule stressig, was findet er gut? Schreib einen Text und lies ihn dann vor.

> *Stressig findet er die schweren Übungen, ...*

Sofie

SEDCARD

Vorname, Name: Sofie Baumann
Haarfarbe: blond
Augenfarbe: blau
Größe: 1,72 m
Kleidergröße: 36/38 (S/M)
Schuhgröße: 40
Kenntnisse: Singen, Ballett, Tanzen (Musical)
Erfahrungen: Ballettunterricht (5 Jahre), Schulchor
Sprachen: Deutsch, Englisch, Spanisch
Dialekt: Kölsch

HOLA

1 **Wofür braucht Sofie diese Sedcard? Was glaubst du?**

a) für eine Bewerbung für ein Praktikum
b) für ein Musical-Casting
c) für den Schulchor
d) für den Film „Beste Freunde"

2 **Was glaubst du? Welche Fotos passen auf Sofies Sedcard? Die Tipps helfen dir.**

A B C D E F

Sedcard selbst machen: Hier ein paar Profi-Tipps
- Wichtig ist, dass die Fotos aktuell sind.
- Schau direkt in die Kamera.
- Nimm keine Schwarz-Weiß-Bilder.
- Die Augenfarbe und die Haarfarbe soll man gut sehen.
- Dein Gesicht soll natürlich und normal aussehen.

- Wähle verschiedene Bilder von dir: in Jeans und T-Shirt, im Kleid, mal cool, mal elegant.
- Zeig verschiedene Gefühle: lachen, traurig sein, wütend sein, ...
- Nimm keine privaten Bilder von der letzten Party!

Mitgefühl ausdrücken ● eine Bedingung nennen ● ausdrücken, dass etwas immer wieder passiert ● über ein Thema diskutieren ● einen Gegengrund angeben ● sagen, dass man enttäuscht ist ● Wünsche ausdrücken ● höflich um etwas bitten ● Vorschläge machen ● sagen, dass man etwas nicht verstanden hat ● jemanden bitten, dass sie/er langsamer spricht ● sagen, dass man ein Wort nicht kennt

Lernziele

Sofie möchte zum Casting.

(A) Top

(B) Wasserflasche

(C) Schlüssel

(D) Portemonnaie

(E) Jacke

(F) Monatskarte

(G) Tanzschuhe

(H) Duschgel

(I) Apfel

(J) Handtuch

(K) Leggings

(L) Smartphone

1a Schau die Bilder an. Was glaubst du? Wohin geht Sofie?
Was macht sie heute Nachmittag? Was braucht sie?

◆ Ich glaube, Sofie geht heute … Sie … Sie braucht wahrscheinlich …

b Spielt das Kettenspiel.

> gestreift • bunt • neu • cool • modern • alt •
> blau-schwarz • hellblau • dunkelrot • …

▲ Was ist (H) ?
   ■ Ein kleines Duschgel. Was ist (B) ?
     Eine blaue Wasserflasche. Was ist …?

unbestimmter Artikel
+ Adjektiv im Nominativ

ein dunkelgrüner Schlüssel
ein kleines Duschgel
eine hellblaue Wasserflasche
– gestreifte Leggings

2 Was ist in deiner Tasche? Berichtet in Gruppen.

(→) AB, Ü1   GRAMMATIK, Ü 2   Ü 3   GRAMMATIK, Ü 4   Ü 5

3 Spielt in Gruppen „Was ist anders?" Legt zehn Dinge auf einen Tisch, eine Schülerin/
ein Schüler geht hinaus. Tauscht vier Dinge aus. Die Schülerin/Der Schüler kommt
wieder herein und muss raten.

(A)

> Vorhin war hier
> ein gelber Marker.
> Jetzt ist hier ein
> grüner Marker.

(B)

(→) AB, Ü 6

4a **Lies die Wünsche der Jugendlichen und die Anzeigen. Welche Anzeige passt zu wem?**
Für eine Person gibt es keine Anzeige.

1. Sofie tanzt gern und möchte bei einem Film mitmachen.
2. Theo sieht super aus und kann ziemlich gut singen und tanzen.
   Er möchte zu einer Talent-Show gehen.
3. Anna findet ihre Haare langweilig und möchte gern eine moderne Frisur.

Ⓐ
Neuer Look? Anderes Styling?
Friseur sucht junge Modelle für
Fotoshootings!

Hallo, ich suche Frisuren-Modelle
(Mädchen, mittellange bis lange Haare)
für Fotoshootings.

Du möchtest einen neuen Look?
Dann ruf an und du bekommst ihn.
GRATIS!

Dani: 0170 98431121.
Salon „Milou", Köln-Ehrenfeld

Ⓑ
CASTING FÜR FILM:
TÄNZER UND TÄNZERINNEN GESUCHT

Das Jugend-Filmfestival „Jung & Cool" sucht
Tänzer und Tänzerinnen für einen Film.

Wir suchen Jugendliche von 14 bis 19
Jahren. Könnt ihr tanzen? Habt ihr Lust
und Zeit? Dann schreibt eine E-Mail an
info@jugend-filmfestival-koeln.de und
schickt bitte ein Foto oder Video mit. Alter
und Telefonnummer nicht vergessen!
Das Casting findet am 28. April im Kinopolis
statt. Informationen zum Casting gibt es
bei Dorit Plaum, Telefon 0221 29794888 oder
im Internet unter
www.jugend-filmfestival-koeln.de.

Ⓒ
Model werden – so kann es klappen!

Wir casten in vielen Städten Fotomodelle, Talente und Schauspieler.
Im Moment suchen wir Models für den neuen Katalog von H&S. Du bist zwischen
13 und 16 Jahre alt, groß, schlank, sportlich und siehst gut aus? Dann schick eine E-Mail mit
3 bis 5 Fotos an: info@casting-jetzt.com. Du kannst auch ein Formular auf unserer Website
ausfüllen und Fotos hochladen auf www.casting-jetzt.com/Anmeldung. Wir laden dich zum
Casting am 5.5. in Düsseldorf ein und du gewinnst bei uns ein professionelles Fotoshooting.

Mach mit! Wir freuen uns auf dich!

b **Lies noch einmal die Anzeige, die Sofie interessiert. Ergänze Sofies Notizen.**

Casting
Wann?
Wo?
Informationen:
! mitschicken:

↪ AB, SCHREIBTRAINING, Ü 7 ▎

siebenundzwanzig **27**   Sofie

5a **Schau das Bild an und hör zu. Was ist los?**

10 ·))
- (a) Sofie ist krank und hat Fieber.
- (b) Sofie geht es gut.

b **Hör nun das ganze Gespräch. Was ist richtig?**

11 ·))
1. Die Mutter sagt,
   - (a) dass Sofie schlecht aussieht.
   - (b) dass Sofie sicher keine Grippe hat.
2. Wenn Sofie Fieber hat,
   - (a) soll sie ins Bett gehen.
   - (b) soll sie in der Apotheke Tabletten kaufen.

3. Das Casting ist
   - (a) heute Nachmittag.
   - (b) am nächsten Sonntag um vier Uhr.
4. Wenn Sofie krank ist,
   - (a) kann sie erst morgen zum Casting gehen.
   - (b) darf sie nicht zum Casting gehen.

6 **Was passt zusammen? Ordne zu.**

1. Wenn Sofie nicht zum Casting geht,
2. Wenn Sofie Tabletten braucht,
3. Wenn Sofie ein paar Tage zu Hause bleiben muss,

- (a) dann geht ihre Mutter zur Apotheke.
- (b) dann kann sie nicht beim Film mitmachen.
- (c) dann ist sie vormittags immer allein und langweilt sich.

Nebensatz: Konjunktion wenn

Nebensatz					*Hauptsatz*			
Wenn	Sofie	Fieber	hat	, (dann)	geht	sie	ins Bett.	
Wenn	Sofie	Fieber	hat	, (dann)	kann	sie	nicht in die Schule	gehen .

→ AB, GRAMMATIK, Ü 8   Ü 9–10   GRAMMATIK, Ü 11   Ü 12 |

7 **Schreibt in Gruppen eine Kettengeschichte.**
Welche Gruppe findet die meisten *Wenn-dann*-Sätze?

> *Wenn Sofie Fieber und Kopfschmerzen hat, hat sie vielleicht Grippe.*
>
> *Wenn Sofie Grippe hat, dann …*

8a **Sofie ruft Luisa an. Spielt das Telefongespräch.**

◆ Was ist denn los?
Was hast du?

● Mir geht es nicht … Ich habe …
Heute … Ich bin so unglücklich.

Das tut mir so leid. / So ein Pech!
Sei doch nicht traurig! / Das macht doch nichts.

◆ Wenn du wieder gesund bist, gibt es …
Wenn das nächste Casting für Tänzer stattfindet, dann geht es dir …

Wenn heute nur schlechte Tänzer zum Casting gehen, dann findet vielleicht … statt.

b **Spielt andere Telefongespräche.**

1. Fabio und Tim: Fabio ist krank und kann nicht zum Fußballspiel 1. FC Köln gegen Fortuna Düsseldorf gehen.
2. Anna und Luisa: Anna ist krank und kann am Samstag nicht zur Schulparty gehen.

→ AB, Ü 13 |

9 Arbeitet zu zweit. Welche Wörter passen zum Thema *Castingshow?*

Star • Schlüssel • Topmodel • Talent • Apotheke • Kandidat • Kritik • Müllcontainer • Handtuch • Chance • Marker • Kleid • Fernsehsendung • Publikum

10 Lies die Fragen und den Text. Beantworte die Fragen.

1. Welchen Traum haben viele junge Leute?
2. Warum sind Castingshows so beliebt?
3. Welche berühmten Stars kommen aus Castingshows?
4. Was passiert, wenn Kandidaten weinen?
5. Eine Moderatorin hat einmal die Kleider von Kandidatinnen in einen Müllcontainer geworfen. Wie hat das Publikum reagiert?

Castingshows: Traum oder Albtraum?

Der Traum: Superstar oder Topmodel werden, reich und berühmt sein. Die Botschaft: Jeder kann es schaffen, auch ganz normale Menschen, auch du! Jeder kann ein Star sein. Du musst nicht superschön sein oder coole Talente haben. Du musst kein Genie sein. Sei, wie du bist, und du kannst Erfolg haben! Du musst es nur wollen! Diese Botschaft macht Castingshows so beliebt.

5 Es stimmt, dass viele berühmte Stars aus Castingshows kommen, Britney Spears zum Beispiel oder Justin Timberlake. Viele Castingshow-Stars haben bis heute Erfolg, andere hat man schnell wieder vergessen. Die meisten sehen die Shows als große Chance in ihrem Leben. Sie wollen ihr Talent zeigen. Aber sie vergessen, dass sie dabei auch sehr viel Kritik bekommen können. Und das macht oft keinen Spaß oder tut sogar richtig weh. Einige Kandidaten weinen dann und möchten am
10 liebsten sofort wieder gehen. Und das ganze Publikum schaut ihnen dabei zu.

Fast alle Jugendlichen sehen gern Castingshows. Aber was ist wichtig bei diesen Sendungen? „Dass die jungen Leute auch den Albtraum sehen, nicht nur den Traum. Und dass sie nicht alles gut finden", sagt Dr. Anke Bauer, Psychologin und Medienexpertin. „Eine Moderatorin hat zum Beispiel einmal in einer Castingshow die Kleider von Kandidatinnen in einen Müllcontainer
15 geworfen", erzählt Dr. Bauer. „Das Fernsehpublikum hat das ganz schlimm gefunden und dagegen protestiert. Das war super!"

 AB, Ü 14–17

11a Castingshows: Was findet ihr gut ☺? Was nicht ☹?
Sammelt in zwei Gruppen Informationen im Text.

> Gruppe A: ☺
> – Jeder kann ein Star sein.

b Diskutiert in der Klasse.

● Ich glaube, dass … / Ich finde, dass …
◆ Das stimmt. Aber du darfst nicht vergessen, dass …
▲ Ja, da hast du recht. Aber … / Ja, aber …
■ Nein, das finde ich nicht. / Das stimmt nicht, denn …

> Gruppe B: ☹
> – …

> Ich glaube, dass Castingshows gut sind, denn jeder kann ein Star sein.

> Das stimmt. Aber du darfst nicht vergessen, dass die Kandidaten auch sehr viel Kritik bekommen können.

32
LEKTION

> Super, Papa!
> Mach weiter!

1a **Schau das Bild an und hör den Anfang des Gesprächs. Was ist richtig?**

12 ((•))

1. Sofies Vater spielt ... mit.
   - a) in einer Quizsendung
   - b) in einer Serie

2. Er will noch ... beantworten.
   - a) die 16 000-Euro-Frage
   - b) die 32 000-Euro-Frage

b **Hör das Gespräch weiter. Ist das richtig (r) oder falsch (f)?**

13 ((•))

1. Sofies Vater hat noch einen Joker.   (r) (f)
2. Die Frage ist: Wie heißt die Kobra aus Südasien auf Lateinisch?   (r) (f)
3. Sofies Vater versteht die Frage nicht.   (r) (f)
4. Der Moderator gratuliert Sofies Vater, denn er hat 16 000 Euro gewonnen. (r) (f)
5. Die Schlange heißt *Oje oje*.   (r) (f)
6. Sofies Vater will mit dem Geld auch etwas für seine Kinder kaufen.   (r) (f)

(→) AB, Ü 1–2 |

2 **Was passt zusammen?**

1. Sofies Vater hat keinen Joker mehr,
2. Er kann die 32 000-Euro-Frage nicht beantworten,

- a) deshalb hört er auf.
- b) trotzdem macht er weiter.

(→) AB, Ü 3–4 |

3 **Macht Gruppen und schreibt auf Zettel Sätze mit *trotzdem*. Zerschneidet dann die Sätze. Eine andere Gruppe setzt sie wieder zusammen.**

Ich habe nicht viel geübt,

trotzdem habe ich eine Eins geschrieben.

Konjunktion trotzdem

	Position 1	Position 2			
..., trotzdem	habe	ich	eine Eins	geschrieben	.

(→) AB, Ü 5   GRAMMATIK, Ü 6   Ü 7–8 |

4a Ergänze die Zahlen. Hör dann zu und kontrolliere.

100	hundert	101	hunderteins
200	zweihundert	237	?
1000	tausend	1100	tausendeinhundert
2000	zweitausend	2530	?
10 000	? tausend	68 700	? tausend ?
100 000	?	945 310	?
1 000 000	eine Million	1 238 417	?

b Lies die Zahlen in 4a vor.

5 Schau die Bilder an und hör zu. Welche Zahl ist richtig?

1. der Rhein	2. Brücken in Hamburg	3. München: Allianz Arena	4. Bern, Schweiz
1230 – 1320	3221 – 2123	77 331 – 71 137	138 600 – 183 800

6 Schreib eine Zahl zwischen 100 und 1 000 000. Lies die Zahl deiner Partnerin / deinem Partner vor. Sie/Er schreibt die Zahl auf.

> fünfundvierzigtausend-
> zweihundertdreißig

→ AB, Ü 9–11

7 Schreibt in Gruppen Kärtchen und macht selbst ein Quiz. Spielt dann gegen eine andere Gruppe.

> Wie lang ist der Bodensee-Radweg?
> a. 62 km   b. 260 km   c. 620 km

> Wie viele Wörter stehen in unserem Wörterbuch?
> a. ...   b. ...   c. ...

> Wie hoch ...?

8 Schau das Bild an und lies die Sprechblasen.
Was wünschen sich Sofie und ihre Familie?
Was glaubst du? Vergleiche mit deiner
Partnerin / deinem Partner.

Boah,
16 000 Euro!
Was wünscht
ihr euch
denn?

① Ich möchte am liebsten ein schnelles Auto.

② Ich hätte gern moderne Designer-Möbel.

④ Ich möchte gern einen neuen Laptop.

③ Ich möchte einen interessanten Fotokurs machen.

⑤ Ich hätte gern ein bequemes Sofa.

⑥ Ich möchte eine weite Reise machen.

*unbestimmter Artikel
+ Adjektiv im Akkusativ*

einen **neu**en Laptop
ein **schnell**es Auto
eine **weit**e Reise
– **modern**e Möbel

- Ich glaube, Sofie möchte ... und ihr Bruder wünscht sich vielleicht ... Sofies Oma ...
- Ja, ... / Nein, ich denke, ...

⑦ Ich brauche unbedingt eine neue Waschmaschine.

→ AB, 12   GRAMMATIK, Ü 13   Ü 14 ▌

9 Hast du auch Wünsche? Was hättest du gern? Was möchtest du gern machen?

Mountainbike • Uhr • Fernseher • Lautsprecher •
Reise • Gitarre • Spielekonsole • Tanzkurs • Boot •
Digitalkamera • Kopfhörer • Pferd • ...

neu • modern • teuer • schnell •
gut • cool • weit • klein • schön •
groß • toll • interessant • ...

▲ Ich hätte gern ... / Ich möchte ...

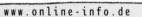

→ AB, Ü 15–16 ▌

10a Schau das Bild an und beantworte die Fragen.

1. Was ist Lotto?   2. Gibt es das in deinem Land?   3. Wie heißt das bei euch?

b Lies den Titel und den Anfang des Artikels. Was ist das Thema?
Was bedeutet *spenden*? Antworte in deiner Sprache.

www.online-info.de

Sonntag, 1. Juni, 07:59

12 **33** **49**

Lotto-Millionärin spendet ganzen Gewinn.

6 Millionen Euro hat eine Rentnerin aus Düsseldorf im Lotto gewonnen – und sie will ihren ganzen
Gewinn spenden. „Ich brauche so viel Geld nicht", sagt sie. Die Gewinnerin möchte aber nicht,
dass ihr Name in der Zeitung steht. „Die Nachbarn müssen ja nicht wissen, dass ich jetzt eigentlich
reich bin", erklärt sie.

c Lies den Artikel weiter. Was erfährst du über die Lotto-Gewinnerin?
Sammle im Text alle Informationen (Stadt, Alter, Beruf, Familie) und berichte.

> 5 Die alte Dame ist 76 Jahre alt. Sie spielt schon fast 40 Jahre Lotto und hat noch nie etwas gewonnen. Nun hat sie den Jackpot mit 6 Millionen Euro gewonnen, aber sie sagt: „Ich habe ein Haus und eine gute Rente. Außerdem habe ich keine Kinder, nur fünf Katzen. Was soll ich mit dem ganzen Geld?"
>
> Die 6 Millionen Euro will die Gewinnerin für soziale Organisationen spenden. Den größten Teil bekommt der Tierschutzverein in Düsseldorf. „Ich liebe Tiere", sagt die Rentnerin. „Sie sind meine
> 10 besten Freunde. Ich möchte, dass es allen Tieren gut geht." Auch kranke Kinder und alte Menschen bekommen Geld von der Millionärin, die früher Lehrerin in einer Grundschule in Düsseldorf war.
>
> „Ich habe viel Glück im Leben gehabt", sagt sie. „Ich hatte viele nette Jungen und Mädchen in meinen Klassen. Mit vielen habe ich heute noch Kontakt. Und ich hatte sehr liebe Kolleginnen und Kollegen. Und jetzt habe ich wieder Glück gehabt und viel Geld gewonnen. Ich bin glücklich, dass ich es
> 15 spenden kann."
>
> **18** **24** **3** **48**
>
> Der Bürgermeister der Stadt Düsseldorf hat der Lotto-Millionärin gratuliert und ihr gedankt: „Ich finde es ganz wunderbar, dass ein Mensch so großzügig ist. Die Stadt Düsseldorf sagt: „Danke!"

■ Die Gewinnerin kommt aus …

d Lies noch einmal den Text in 10c. Wem spendet die Millionärin den Gewinn?

a) ihrer Grundschule
b) einem Jungen aus Düsseldorf
c) kranken Kindern und alten Menschen
d) einem Nachbarn
e) dem Tierschutzverein
f) einem Kollegen

(→) AB, Ü 17-18 ▌

11 Lies den Leserbrief an *www.online-info.de*. Was ist richtig?

> Ich finde die alte Dame wirklich toll! Aber warum will sie ihren Name / Namen nicht nennen?
> Warum will sie auch keinem Nachbar / Nachbarn oder Kollege / Kollegen erzählen, dass sie
> 6 Millionen Euro gewonnen hat und das Geld spendet?
> Dann weiß doch niemand, dass sie so ein guter Mensch / Menschen ist. Das finde ich sehr schade!
>
> Alexander S., Kiel

Nomen: n-Deklination

Nominativ:	der Name	der Mensch
Akkusativ:	den Namen	den Menschen
Dativ:	dem Namen	dem Menschen

(→) AB, GRAMMATIK, Ü 19   Ü 20-21 ▌

12 Soll man den Lottogewinn spenden: ja oder nein? Diskutiert in der Klasse.

33
LEKTION

Hey, ist das cool! Es wird super heiß am Wochenende: über 30 Grad! Machen wir was zusammen?

A B C D E F

1 Lies die SMS und schau die Bilder an. Was glaubst du?
Was machen Sofie und ihre Freunde am Wochenende?

2a Hör den Anfang des Gesprächs. Was ist richtig, (a) oder (b)?

16))) 1. Sofie und ihre Freunde organisieren einen Ausflug (a) ins Schwimmbad. (b) zum Escher See.
2. Sie nehmen (a) einen Volleyball (b) ein Frisbee mit.
3. Die Jugendlichen wollen (a) am Kiosk etwas zu essen kaufen. (b) ein Picknick machen.

b Hör das ganze Gespräch und ordne die Sätze zu.

17)))
Und ich könnte einen Kuchen backen. ✕ Wir könnten Würstchen grillen. ✕
Könntest du vielleicht deinen Volleyball mitbringen, Luisa? ✕
Könntest du die vielleicht mitbringen? ✕ Du könntest doch Cola mitbringen, Tim.

Sofie: (1)
Luisa: Kein Problem. Brauchen wir sonst noch was?
...

Fabio: (2)
Anna: Nicht schon wieder so viel Fleisch und Würstchen!
...

Anna: Ich mache meinen berühmten Nudelsalat.
Sofie: (3)
...

Sofie: Und was bringst du mit, Tim?
Tim: Meine Schwimmsachen.
Sofie: Na, das ist doch schon mal super! Und was noch?
Tim: Ein Handtuch, eine Decke ...
Anna: (4)
Tim: Ja, okay. Cola ist immer gut.
...

Fabio: Oh yeah! Hey, Luisa von der Medien-AG: Du hast doch Lautsprecher für den MP3-Player, oder? (5)
...

→ AB, Ü 1–2 |

3 Ihr organisiert einen Picknick-Ausflug mit dem Fahrrad. Sprecht in Gruppen zu viert.

Wann? • Wohin? • Wer bringt was mit? • …

- Wir könnten eine Radtour nach … machen.
- ◆ Ja, genau./gute Idee. Wer bringt … mit?
- ▲ Könntest du vielleicht …?
- ■ Ich könnte …

→ AB, GRAMMATIK, Ü 3   Ü 4–5

Konjunktiv II: können

ich könnte
du könntest
er/es/sie könnte
wir könnten
ihr könntet
sie/Sie könnten

Mit dem *Konjunktiv II* von *können* kannst du höflich bitten oder Vorschläge machen.

4 Schau die Bilder an und lies die Sätze. Was sehen Sofie und Luisa am See? Ordne zu.

1. Eine Frau zeigt den Touristen den Weg.
2. Ein Mann schenkt einer Frau eine Blume.
3. Eine Mutter gibt ihrem Kind den Ball.

Verben mit Dativ und Akkusativ

		Dativ Wem?	Akkusativ Was?
Ein Mann	schenkt	einer Frau	eine Blume .
Du	gibst	Julian	Tipps .

→ AB, GRAMMATIK, Ü 6   Ü 7–8

5 Macht Gruppen zu viert. Schreib einen Satzteil, falte das Blatt nach hinten, gib das Blatt weiter und schreibt Quatsch-Sätze. Verwendet diese Verben.

schicken ✳ zeigen ✳ kaufen ✳ schreiben ✳ geben ✳ schenken

Wer?	Macht was?	Wem?	Was?
Der Nachbar	kauft	dem Hund	ein Eis.

6a Schau das Bild an. Warum sprechen Sofie und Fabio mit den Jungen? Was glaubst du?

b Hör den Anfang des Gesprächs und vergleiche mit deinen Vermutungen in 6a.

18)))

c Hör dann weiter. Welche Informationen fehlen?

19)))

1. Sofie und die anderen möchten mit Radek und Jan (?).
2. Die beiden sprechen (?).
3. Die Freunde sprechen mit Radek und Jan auf (?) und (?).
4. Sie verstehen nicht: Was heißt „Das macht nichts" auf (?)?
5. (?) hat Luisas Volleyball.

d Hör noch einmal. Was passt zusammen?

19)))

1. Hi! Möchtet ihr vielleicht mit uns Volleyball spielen? Habt ihr Lust?
2. Das macht nichts.
3. Oje, Fabio, wie sagt man „Das macht nichts" auf Englisch?
4. Hey, Tim, Luisa! Wie heißt „Das macht nichts" auf Englisch?

a) Ich glaube, das heißt: „Never mind!"
b) Wie bitte? Entschuldigung, wir nicht, wir sprechen nicht so gut Deutsch. Do you speak English?
c) Hm, das weiß ich leider auch nicht.
d) Macht nichts? Entschuldigung, ich verstehe dich nicht.

7a Hör das Gespräch und lies mit.

20)))

Fanto: Hamutat kelenamus!
Marlen: Wie bitte? Entschuldigung, du sprichst so schnell. Kannst du bitte langsam und deutlich sprechen?
Fanto: Ha–mu–tat ke–le–na–mus!
Marlen: Tut mir leid, ich verstehe dich nicht. Ich spreche nicht so gut Fantasisch. Oje, Linus, was sagt er? Wie heißt das auf Deutsch?
Linus: Ich glaube, das heißt: „Ich habe Hunger!" Moment, hier ist ein Fantasisch-Wörterbuch. Ich schau mal nach.

Hamutat kelenamus!

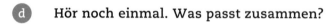

b Wer kann „Fantasisch" sprechen? Spielt die Szene zu dritt.

c Spielt einen neuen Dialog auf „Fantasisch" oder in einer Fremdsprache in der Klasse.

→ AB, Ü 9–12

8a Lies Sofies E-Mail an ihre Freundin Lilian. Welche Textabschnitte passen zu den Themen A–D?

Ⓐ „Deutschland" trifft „Polen"

Ⓒ Der Ausflug zum See

Ⓑ Wiedersehen in Katowice oder Köln?

Ⓓ Der kaputte Ball

Von: Sofie2309@gmail.com
An: Lilian.Buerger@gmx.de
Betreff: Grüße aus Köln

Hi Lilian,
wie geht's dir? Gefällt dir Kanada immer noch so gut wie vorher? Dein Englisch muss ja
schon perfekt sein! Das ist mein Englisch leider gar nicht. ☹

① Ich war gestern mit Luisa, Anna, Fabio, Jonas und Tim am
5 Escher See. Ein herrlicher Tag: superheiß, über 30 Grad!
Wir haben ein tolles Picknick gemacht und wollten Volleyball
spielen, aber Anna und Jonas hatten keine Lust. Ich glaube,
die beiden sind ♥♥♥. Schau mal das Foto an. Da sehen sie doch
echt verliebt aus, oder?

② 10 Also haben Fabio und ich noch Mitspieler gesucht und zwei nette Jungen aus Polen gefragt:
Radek und Jan. Leider haben die beiden nicht so gut Deutsch gesprochen. Wir haben es dann
auch mit Englisch versucht. Nur schade, dass mein Englisch so schlecht ist! ☹

③ Ja, und dann war da plötzlich dieser Hund ... Der hat wahrscheinlich gedacht,
Luisas Ball ist eine leckere Wurst! ☺ (Foto!) Wir haben gerufen und der
15 Hundebesitzer hat mit dem Hund geschimpft, aber es war schon zu spät:
Der Ball war kaputt! So ein Mist! Zum Glück hat er Luisa genug Geld für
einen neuen Ball gegeben. Und so war es dann trotzdem noch ein schöner Tag!

Pech gehabt! ☺

④ Vielleicht treffen wir Radek und Jan ja mal wieder. Die beiden sind echt sympathisch,
finde ich. Katowice ist eine Partnerstadt von Köln – hast du das gewusst? Und noch etwas:
20 Radek ist auch Fußballtrainer! ☺ Witzig, oder? Er hat Fabio seine Adresse aufgeschrieben.

Also dann, ich muss jetzt Schluss machen. Ich bin gleich mit Luisa verabredet.
Mach's gut, schreib mir bald wieder und erzähl von Kanada, okay?

Viele Grüße aus Köln – auch von den anderen!
Sofie

---

b Was ist an dem Tag passiert? Lies die E-Mail
noch einmal und schreib in dein Heft.
Die Satzanfänge helfen dir.

1. Die Freunde haben ...
2. Luisa, Fabio, Tim und Sofie wollten gern ...
3. Aber Anna und Jonas ...
4. Also haben Sofie und Fabio ...
5. Plötzlich hat ein Hund ...
6. Deshalb hat der Hundebesitzer ...
7. Radek und Fabio ...
8. Vielleicht ...

9 Schreibt zu dritt eine E-Mail an eine Freundin /
einen Freund und erzählt von einem Ausflug.

→ AB, SCHREIBTRAINING, Ü 13

Wettbewerbe für junge Musiker

1 **Lies die Texte und beantworte die Fragen.**

1. Was für Wettbewerbe sind das?   2. Wer kann teilnehmen?   3. Wann findet der Wettbewerb statt?

---

www.musikerwettbewerbe.de

Singen – der Wettbewerb

Der internationale A CAPPELLA Wettbewerb Leipzig findet jedes Jahr im Mai in Leipzig statt. Das Preisgeld ist insgesamt 4500 Euro, die Jury ist international. Die Gewinner treten beim Abschlusskonzert im Leipziger Gewandhaus auf. Dieses Konzert kann man auch im Radio hören. Teilnehmen dürfen Vokalgruppen mit drei bis acht Mitgliedern. Nur Stimmen, keine Instrumente! Die Sänger sollen nicht älter als 28 Jahre sein.

Gewinner

In diesem Jahr gibt es zwei Gewinner aus Deutschland beim Leipziger A CAPPELLA Wettbewerb: Das Männer-Quartett „Delta Q" aus Berlin und die sechs jungen Frauen des Leipziger Ensembles „Sjaella". Beide freuen sich: sie sind auf dem ersten Platz!

Bewerbung

Ihr seid selbst Sängerinnen oder Sänger? Wenn ihr mitmachen wollt, dann schickt eure Bewerbung bis Ende Januar mit Text, Foto der Gruppe und einer Musikdatei mit eurem aktuellen Programm. Wir freuen uns auf euch!

---

www.musikerwettbewerbe.de

Österreich rockt

PODIUM.JAZZ.POP.ROCK ist ein österreichischer Musikwettbewerb für junge Musikerinnen und Musiker. Teilnehmen können Gruppen von Jugendlichen und jungen Erwachsenen, die in Österreichs Musikschulen und Konservatorien Unterricht in Jazz, Pop oder Rock haben. Es ist ein Wettbewerb für Gruppen und Bands mit drei bis zwölf Musikerinnen und Musikern und für alle Instrumente. Alter: ab zehn Jahre. Die regionalen Wettbewerbe finden zwischen März und Juni statt. Die besten Musiker aus den Regionen nehmen im Oktober am nationalen Wettbewerb in Wien teil.

PODIUM. JAZZ. POP. ROCK

Teilnehmer

Anton nimmt mit seiner Band Chaos-Club dieses Jahr zum ersten Mal am Wettbewerb teil. Sein Instrument ist das Schlagzeug. Er hat schon seit sechs Jahren Unterricht an der Musikschule Linz. Im Oktober darf die Gruppe zum nationalen Wettbewerb nach Wien fahren.

---

2 **Lies die Texte noch einmal und ergänze die Sätze. Was passt?**

1. Der A CAPPELLA Wettbewerb
2. A cappella singen heißt
3. Delta Q, das sind
4. PODIUM.JAZZ.POP.ROCK
5. Teilnehmen dürfen
6. Anton spielt seit

ⓐ ist ein Musik-Wettbewerb in Österreich.
ⓑ sechs Jahren Schlagzeug.
ⓒ Gruppen mit drei bis zwölf Personen.
ⓓ findet jedes Jahr in Leipzig statt.
ⓔ singen ohne Instrumente.
ⓕ vier Sänger aus Berlin.

3 **Welche Wettbewerbe für junge Musikerinnen und Musiker gibt es in eurem Land? Sucht Informationen im Internet und berichtet.**

• Wie heißt der Wettbewerb?   • Wer kann teilnehmen?   • Wann findet er statt?

Das große Länder-Quiz

1 Deutsche Schüler haben ein Quiz für ihre Partnerschule vorbereitet:
„Wie gut kennst du Deutschland?" Beantwortet die Fragen in Gruppen.

  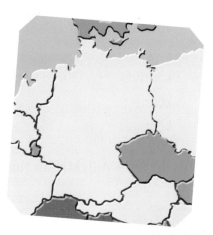

1. An welchem Meer liegt Deutschland nicht?
   a. Nordsee   b. Ostsee   c. Mittelmeer

2. Wie viele Menschen wohnen in Deutschland: … Millionen?
   a. 50   b. 82   c. 110

3. Welches Land ist <u>kein</u> Nachbar von Deutschland?
   a. Niederlande   b. Polen   c. Italien

4. Der höchste Berg von Deutschland liegt in den Alpen. Er heißt …
   a. Montblanc   b. Popocatepetl   c. Zugspitze

5. Ein berühmter deutscher Physiker war Albert …
   a. Einbein   b. Einstein   c. Zweistein

6. Welcher Musiker war <u>kein</u> Deutscher?
   a. Bach   b. Beethoven   c. Mozart

7. Welche Automarke kommt <u>nicht</u> aus Deutschland?
   a. Mercedes   b. Chrysler   c. BMW

8. Welcher Fußballclub kommt <u>nicht</u> aus Deutschland?
   a. Inter Mailand b. Hansa Rostock c. Borussia Dortmund

9. Welche deutsche Stadt ist die Karnevals-Hauptstadt?
   a. München   b. Frankfurt   c. Köln

10. Was isst man in Deutschland gern zu Ostern?
    a. Bratwurst   b. Fisch   c. Eier

2 In Gruppen: Macht ein Quiz über euer Land.

3a Präsentiert euer Quiz in der Klasse.

b Wählt die zehn besten Fragen aus.

Grammatik

⦿ **Konjunktiv II: können (Vorschlag und höfliche Bitte)**

	können
ich	könnte
du	könntest
er/es/sie	könnte
wir	könnten
ihr	könntet
sie/Sie	könnten

Präteritum:
ich konnte

Konjunktiv II:
ich könnte

Wir könnten
ein Picknick machen.
Könntest du bitte
Cola mitbringen?

⦿ **unbestimmter Artikel + Adjektiv im Nominativ/Akkusativ**

Nominativ		Akkusativ	
Das ist	ein **neuer** Laptop.	Ich habe	einen **neuen** Laptop.
	ein **gutes** Surfbrett.		ein **gutes** Surfbrett.
	eine **warme** Mütze.		eine **warme** Mütze.
Das sind	– **neue** Stiefel.		– **neue** Stiefel.

Und hier
ist dein Gewinn:
ein toller
Tanzkurs!

Kann ich
nicht lieber einen
coolen Surfkurs
machen?

⦿ **Nomen: n-Deklination**

	Singular	Plural
Nominativ	der Junge	die Jungen
Akkusativ	den Jungen	die Jungen
Dativ	dem Jungen	den Jungen

auch so: Name, Nachbar, Kollege, Herr (Plural: die Herren)

Der Ball
gehört einem Jungen
aus der Klasse 8b.
Aber ich weiß seinen
Namen nicht.

	Singular	Plural
Nominativ	der Mensch	die Menschen
Akkusativ	den Menschen	die Menschen
Dativ	dem Menschen	den Menschen

auch so: Student

Vielleicht
kenne ich den
Jungen. Wie sieht
er denn aus?

⦿ **Konjunktion trotzdem**

	Position 1	Position 2		
Lea lernt nicht viel,	trotzdem	schreibt	sie	gute Noten.
Sofies Vater hat keinen Joker mehr,	trotzdem	macht	er	weiter.

Sofies Vater hat
keinen Joker mehr,

↔ *trotzdem macht*
er weiter.

→ *deshalb macht*
er nicht weiter.

Syntax: Verben mit Dativ und Akkusativ

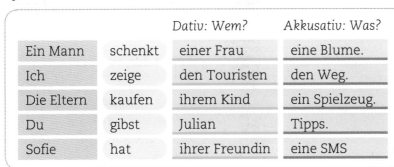

		Dativ: Wem?	Akkusativ: Was?	
Ein Mann	schenkt	einer Frau	eine Blume.	
Ich	zeige	den Touristen	den Weg.	
Die Eltern	kaufen	ihrem Kind	ein Spielzeug.	
Du	gibst	Julian	Tipps.	
Sofie	hat	ihrer Freundin	eine SMS	geschrieben.

Wem? — Was? —
Er schenkt einer Frau eine Blume.

Zuerst steht die Person, dann die Sache.

auch so: schicken, erklären, …

Syntax: Nebensatz mit *wenn*

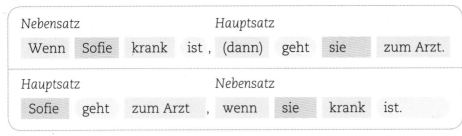

Nebensatz				Hauptsatz			
Wenn	Sofie	krank	ist ,	(dann)	geht	sie	zum Arzt.

Hauptsatz			Nebensatz			
Sofie	geht	zum Arzt ,	wenn	sie	krank	ist.

Der Nebensatz kann vor und nach dem Hauptsatz stehen.

Zwischen Nebensatz und Hauptsatz steht immer ein Komma.

Ich kann …

Mitgefühl ausdrücken:
Das tut mir so leid. / So ein Pech! / Sei doch nicht traurig! / Das macht doch nichts.

eine Bedingung nennen: Wenn Sofie beim Casting mitmachen will, (dann) muss sie ein Foto oder ein Video schicken.

ausdrücken, dass etwas immer wieder passiert / immer so ist: Wenn Sofie sich langweilt, (dann) ruft sie Luisa an. / Wenn Sofie Fieber hat, (dann) muss sie im Bett bleiben.

über ein Thema diskutieren:
◆ Ich glaube, dass Castingshows gut sind, denn jeder kann ein Star sein. ● Das stimmt, aber du darfst nicht vergessen, dass die Kandidaten auch sehr viel Kritik bekommen können. Und das kann ein Problem sein. ◆ Nein, das denke ich nicht.

einen Gegengrund angeben: Sofies Vater hat keinen Joker mehr, trotzdem macht er weiter.

sagen, dass ich enttäuscht bin:
Wie schade! / Schade, dass es nicht geklappt hat. / Da kann man leider nichts machen.

Wünsche ausdrücken:
Ich hätte gern ein neues Smartphone. / Ich möchte gern einen coolen Tanzkurs machen.

höflich um etwas bitten:
Könntest du vielleicht deine Lautsprecher mitbringen? / Könnten Sie mir bitte die Aufgabe erklären?

Vorschläge machen: Ich könnte einen Kuchen backen. Du könntest doch Cola mitbringen.

sagen, dass ich etwas nicht verstanden habe:
Wie bitte? Tut mir leid, ich verstehe dich nicht. Ich spreche nicht so gut Deutsch.

jemanden bitten, dass sie/er langsamer spricht:
Entschuldigung, du sprichst so schnell. Kannst du bitte langsam und deutlich sprechen?

sagen, dass ich ein Wort nicht kenne:
Wie sagt man das auf Deutsch?

Wiederholung

Lektion 31

1 Ergänze den Wortigel mit Wörtern und Ausdrücken zum Thema *krank sein*.

Grippe haben — zum Arzt gehen — krank sein

2 Arbeitet in Gruppen und schreibt *Wenn*-Sätze. Welche Gruppe hat den verrücktesten Satz?

krank ✕ verliebt ✕ müde ✕ glücklich ✕ sauer ✕ traurig

Wenn ich krank bin, dann gehe ich ins Schwimmbad.

Lektion 32

1 Beschreib eine Person aus der Klasse. Die anderen raten.

● Sie/Er hat kurze Haare und hat heute einen gestreiften Pullover und braune Stiefel angezogen.

▲ Das ist Jan.　　　◆ Das ist Alina.
● Nein.　　　　　　● Ja, stimmt.
　　　　　　　　　　◆ Sie …

2 Schreibt in Gruppen zu den Bildern Sätze mit *trotzdem*. Vergleicht eure Sätze in der Klasse.

 (A)　 (B)　 (C)　 (D)

Lektion 33

1 Schreibt Verben auf Kärtchen. Zieh ein Kärtchen und spielt „Flüsterkette".

schicken　zeigen　schenken

kaufen　erklären　schreiben

Was zeigst du deinem Bruder?

Ich zeige meinem Bruder ein neues Computerspiel.

Alexa zeigt ihrem Bruder ein neues Computerspiel.

2a Plant zu zweit eine „Traum-Klassenfahrt".

• Wohin könntet ihr fahren?
• Was könntet ihr dort machen?
• Wo könntet ihr wohnen?

Wir könnten doch mal nach Hollywood fahren.

Ja, gute Idee. …

b Stellt euren Plan in der Klasse vor.

Tim

WIE WOHNST DU?
ZEIG UNS DEIN ZIMMER!

Ich wohne zusammen mit meinen Eltern und meiner
Schwester Lara in einer Wohnung. Mein Zimmer gefällt
mir. Es ist weiß und hat eine dunkelrote Wand. Unter
dem Fenster steht mein Schreibtisch. Alle Möbel sind
5 aus Holz, das finde ich super. An der Wand hängen
Fotos von berühmten Physikern und Astronomen und
mein Lieblingsposter von Stargate. Über meinem Bett
hängt ein Poster mit den Planeten. Das hat mein Opa
mir geschenkt. Ich habe auch ein Teleskop von ihm
10 bekommen. Das Weltall und die Sterne finde ich total
interessant. Mein Mikroskop habe ich schon sehr lange.
Ich habe es von meinem Taschengeld selbst gekauft.
Ich bin oft in meinem Zimmer, meistens am Computer.
Ich muss auch viel für die Schule am Computer arbeiten.
15 Einen eigenen Fernseher habe ich nicht im Zimmer.

Das erlauben meine Eltern nicht. Wenn Freunde mich
besuchen, streiten sie sich oft um den Sitzsack. Er ist
sehr bequem und ich finde, er ist das coolste Möbelstück in meinem Zimmer.

TIM DAHLKE

---

1 **Lies den Text oben. Welche Dinge sind in Tims Zimmer?**

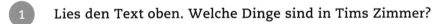

2 **Welche Dinge in deinem Zimmer sind typisch für dich? Warum?**

über das Wetter sprechen ● Interesse ausdrücken ● Zeit- und Ortsangaben machen ● ein Projekt beschreiben ●
Dauer oder einen Zeitraum angeben ● nach Eigenschaften fragen und darauf antworten ● Fragen zum Leben
von Personen stellen und beantworten

Lernziele

Die Sonnenfinsternis

Totale Sonnenfinsternis am 21.4.

Schon nächsten Sonntag können wir erleben, dass es mitten am Tag dunkel und still wird – und kälter. Wir können dann hier in Deutschland eine Sonnenfinsternis sehen! Doch das Wetter kann am Sonntag in Köln schlecht sein. In Bonn haben die Fans wahrscheinlich mehr Chancen. Bei uns gibt es von heute an täglich Informationen über das Wetter und den besten Ort für Sonnenfinsternis-Touristen.

(A)

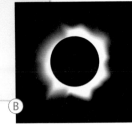
(B)

1 Lies den Text. Welches Bild passt?

2a Hör das Telefongespräch. Wie ist die Reihenfolge der Themen?

21

(?) Sonnenfinsternis im Jahr 2006

(?) Wann ist die Sonnenfinsternis?

(?) Zug nach Bonn

(?) Wetter bei der Sonnenfinsternis

(?) Wo sieht man die Sonnenfinsternis am besten?

b Mit wem telefoniert Tim? Was glaubst du?

c Hör Teil 1 des Gesprächs noch einmal. Wie wird das Wetter in Köln?

22

(a) Es sind Wolken am Himmel.

(b) Die Sonne scheint.

d Hör Teil 2 noch einmal. Beantworte die Fragen.

23

1. Wie oft hat Tims Opa schon eine Sonnenfinsternis gesehen?
2. Wohin ist er 2006 gereist?
3. Was passiert bei einer Sonnenfinsternis?

e Hör Teil 3 noch einmal. Beantworte dann Tims Fragen.

24

Steht in der Zeitung, wann genau man die Sonnenfinsternis sieht?

Hast du eine Idee, wo man sie am besten sehen kann?

Weißt du, welchen Zug ich am besten nehme?

(→) AB, Ü 1

3 Was könnte Tim seinen Großvater noch fragen? Ordne zu.

1. Weißt du, wie oft
2. Steht in der Zeitung, wie lange
3. Hast du eine Ahnung, wie viele
4. Kannst du mir sagen, wo

(a) ich mir eine Spezialbrille kaufen kann?
(b) es schon eine Sonnenfinsternis gegeben hat?
(c) die Sonnenfinsternis dauert?
(d) Leute auf den kleinen Berg kommen?

Deutsch Physik

4 Spielt zu dritt „Flüsterkette".

/ Frag doch mal Paul, wie viele Geschwister er hat. /

Wie viele Geschwister hast du?

/ Ich habe keine Geschwister. /

Paul hat gesagt, dass er keine Geschwister hat.

(A)

(B)

(C)

(D)

→ AB, GRAMMATIK, Ü 2   Ü 3–4

Nebensatz mit indirekter Frage	
direkte Frage:	Wie viele Geschwister hat Paul ?
indirekte Frage:	Frag doch mal, wie viele Geschwister Paul hat .

5a Schau die Bilder an und lies.

(A)
Sonne
Die Sonne scheint.

(B)
Regen
Es regnet.

(C)
Schnee
Es schneit.

(D)
Wind
Es ist windig.

(E)
Wolke
Es ist bewölkt.

b Wie ist das Wetter?
Hör zu und antworte.

5))

6a Schau die Wetterkarte an. Wie ist das Wetter in Bonn?

heiß • warm •
kühl • kalt

■ Die … und es ist …

b Fragt und antwortet.

● Wie ist das Wetter im Norden / in Rostock?
◆ Es ist windig, aber die Sonne scheint. Und es ist kalt.

→ AB, Ü 5–8

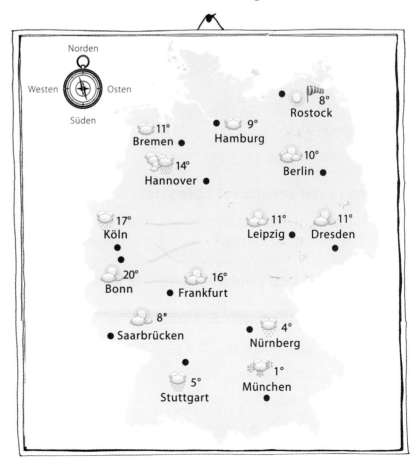

Norden
Westen   Osten
Süden

Rostock 8°
Bremen 11°   Hamburg 9°
Hannover 14°   Berlin 10°
Köln 17°   Leipzig 11°   Dresden 11°
Bonn 20°   Frankfurt 16°
Saarbrücken 8°   Nürnberg 4°
Stuttgart 5°   München 1°

7a Lies den Text. Wer ist Rolf Dahlke?

— STERNGUCKER e.V. —

MITGLIEDER-PORTRÄT

Sterngucker: Unser Mitglied Rolf Dahlke ist schon ziemlich lange dabei. (C)

Rolf Dahlke: Ich bin seit genau 29 Jahren Mitglied! Ich habe mich schon als Kind
5 für Astronomie interessiert. Zu Hause hat ein Teleskop in Vaters Arbeitszimmer gestanden. Das habe ich heute noch.

Sterngucker: (A)

Rolf Dahlke: Früher hat mein Sohn sich auch
10 mit Sternen und Planeten beschäftigt, aber später hatte er keine Zeit mehr. Er muss als Ingenieur sehr viel arbeiten. Aber mein

Enkel ist nun auch ein Sterngucker und das freut mich sehr. Er heißt Tim und wohnt
15 mit seinen Eltern in Köln. Tim weiß sehr viel über das Thema Astronomie und hat schon viele Bücher gelesen.

Sterngucker: (B)

Rolf Dahlke: Stimmt! Tim und ich freuen
20 uns schon sehr auf den Sonntag! Er kommt zu mir nach Bonn. Wir haben schon über alles gesprochen und ich packe dann Essen, Getränke und Spezialbrillen ins Auto. Hoffentlich ist das Wetter gut!

b Lies den Text in 7a noch einmal. Wo passen die Fragen?

(a) Interessiert sich deine Familie auch für Astronomie?

(b) Dann freut er sich doch bestimmt auf die Sonnenfinsternis, oder?

(c) Rolf, wie lange machst du nun schon bei Sterngucker e.V. mit?

c Lies den Text in 7a noch einmal. Was passt?

~~für~~ ╳ ~~auf~~ ╳ über ╳ ~~mit~~ ╳ über ╳ ~~bei~~

mitmachen (bei)

sich interessieren (*für*)

wissen (*über*)

sich beschäftigen (*mit*)

sprechen (*über*)

sich freuen (*auf*)

→ AB, GRAMMATIK, Ü 9   Ü 10

Verb + Präposition + Akkusativ

Tim freut sich auf die Sonnenfinsternis.
Rolf Dahlke spricht über sein Hobby.

Verb + Präposition + Dativ

Tim beschäftigt sich viel mit den Sternen.

8 Was passt zusammen? Bilde Sätze.

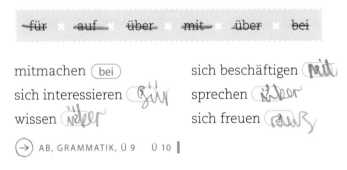

1. Fabio — spricht viel — über ihre Filme.
2. Anna — weiß viel — für Fußball.
3. Tim — interessiert sich — über Sterne und Planeten.
4. Luisa — beschäftigt sich — mit Karate.

9 Wähle zwei Themen und berichte deiner Partnerin/deinem Partner.

Dein Hobby: Ich interessiere mich (*für* ?) weiß ich viel/wenig.

Ferien: Ich freue mich schon (*auf*) In den Ferien möchte ich mich (*mit*) beschäftigen.

Schule: Meine Eltern interessieren sich (*für*). Ich spreche gern/nicht so gern (*über*)

AGs: Ich mache (*viel*) mit. Wir beschäftigen uns meistens (*mit*).

10a Hör den ersten Teil. Ist das richtig ⓡ oder falsch ⓕ?

26 ⏵))

1. Tim hat die Sonnenfinsternis zusammen mit seinem Opa gesehen. ⓡ ⓕ

2. Anna und Fabio haben die Sonnenfinsternis in Köln auch gesehen. ⓡ ⓕ

3. Tim und sein Opa hatten keine Spezialbrillen. Aber jemand hat ihnen zwei Brillen geliehen. ⓡ ⓕ

b Hör nun das ganze Gespräch. Wie ist die Reihenfolge? Ergänze dann die Angaben.

27 ⏵))

| kurz nach zwölf ✕ um zehn ✕ den ganzen Nachmittag ✕ kurz vor zwölf ✕ plötzlich |

Ⓐ Sie haben sich beeilt und sind ⟨ ? ⟩ auf dem Berg angekommen.

Ⓑ Tim und sein Opa sind mit einem Motorrad gefahren.

Ⓒ Die Sterngucker haben ⟨ ? ⟩ draußen Würstchen gegrillt.

Ⓓ Alle Sterngucker haben ⟨ ? ⟩ auf dem Berg die Sonnenfinsternis gesehen.

Ⓔ Tims Opa hat Tim ⟨ ? ⟩ am Bahnhof in Bonn abgeholt.

Ⓕ Der VW-Bus von Tims Opa hatte ⟨ ? ⟩ auf der Autobahn eine Panne.

(→) AB, Ü 11 ❘

....
Zeit vor Ort
....
　　　　　1. Zeit　　2. Ort
Opa hat Tim um zehn am Bahnhof abgeholt.
....

11 Wie war Annas Tag? Erzähle.

| am Fenster ✕ vor dem Kino ✕ auf der Straße |

▲ Anna hat …
　gestanden.
　Aber …

(→) AB, GRAMMATIK, Ü 12　　Ü 13–14　　SCHREIBTRAINING, Ü 15–16 ❘

12 Arbeitet in Gruppen. Jeder schreibt einen Satz: Was hast du wann und wo gemacht? Zerschneidet dann die Sätze und bildet neue.

Paul hat ╲ letzten Sommer ╲ auf der Autobahn ╲ geschlafen.

gestern ╲ bei seinem Freund Julian ╲

www.umweltidee.de

Wohin damit? Neue Ideen für weniger Müll!

Denkst du nicht auch manchmal, dass du viel zu viele Sachen hast? Eigentlich brauchst du viele Dinge gar nicht mehr. Aber was tun? Einfach wegwerfen? Nein, auf keinen Fall, denn wir produzieren sowieso schon viel zu viel Abfall. Es geht auch anders. Wir stellen hier ein paar tolle Ideen vor. Sie machen Spaß und sind auch gut für unsere Umwelt.
Lies doch mal: [WEITERLESEN]

24.6. – 26.6. Projekttage
Thema: Umweltschutz
Ideen für Projekte sammeln!

① **Schau das Bild oben an und lies den Text und die Notiz. Warum ist der Text interessant für Tim?**

②a **Lies den Text weiter. Zu welchen Ideen passen die Bilder und die Überschriften? Ordne zu.**

Der Bastel-Blog

Ⓐ

Der Tausch-Flohmarkt

Ⓑ

Der Bücherbus

Ⓒ

www.umweltidee.de

① B
Deine Jeans sind zu klein? Der Rock ist zu kurz? Wohin mit diesen Sachen? Bring sie zum Kleiderkreisel Köln, das ist ein Tausch-Flohmarkt! Du bringst fünf Teile hin und nimmst fünf andere Teile wieder mit. Du zahlst keinen Cent und bekommst doch neue, coole Jeans, tolle Leggings, Jacken oder T-Shirts! Seit drei Jahren gibt es den Kleiderkreisel in Köln, seit einem
5 Jahr auch in Berlin und jetzt auch in anderen Städten.

② C
Eigentlich brauchst du wieder mal Platz in deinem Zimmer, denn du hast viele Bücher und hast sie alle schon gelesen. Hier eine Idee: Gib sie doch im Bücherbus ab. Schon gesehen? Auf einigen Buslinien in Hamburg gibt es im Bus ein Bücherregal. In das Regal passen ungefähr 50 Bücher. Du kannst dir auf der Fahrt einfach ein Buch holen und es lesen. Am Ende stellst du
10 es zurück oder nimmst es mit nach Hause. So liest du mehr und sparst auch noch Geld. Den Bücherbus gibt es in Hamburg schon seit fünf Jahren.

③ A
Stopp! Die leeren Dosen, der alte Pullover, das Blatt Papier müssen nicht gleich in den Müll! Sie können noch sehr nützlich sein: Die Dosen können zum Beispiel zu einem praktischen Zeitungsständer für deine Lieblings-Magazine werden und der alte Pullover zu einer hübschen
15 Tasche. Im Blog *aus–alt-mach-neu.com* findet man ganz viele kreative Bastel-Ideen. Sieh dir doch mal die vielen schönen Dinge an!

b **Lies den Text in 2a noch einmal und ergänze die Sätze.**

1. Beim Kleiderkreisel kann man ~~Kleider~~ tauschen. Man bringt ~~alte~~ und nimmt ~~neue~~
2. In Hamburg kann man im Stadtbus ~~lesen~~ Man kann sich ~~Bücher nehmen~~. Am Ende ~~zurückgeben~~
3. Im Bastel-Blog kann man (?).

(→) AB, Ü 1–3 |

3 **Wie findest du die Ideen in 2a? Welche gefällt dir am besten?**
Kennst du selbst Umwelt-Projekte?

4 **Was ist richtig, ⓐ oder ⓑ ?**

1. Seit wann gibt es den Kleiderkreisel in Köln?
   ⓐ Seit drei Jahren.
   ⓑ Seit drei Monaten.

2. Seit wann gibt es den Kleiderkreisel in Berlin?
   ⓐ Schon seit einem Jahr.
   ⓑ Erst seit einer Woche.

3. Wie lange gibt es schon den Bücherbus in Hamburg?
   ⓐ Seit einem Monat.
   ⓑ Seit fünf Jahren.

5 **Stellt Fragen mit *Seit wann ...?* und *Wie lange ... schon ...?* und antwortet.**

nichts mehr gegessen ✕ Deutsch lernen ✕ deine Nase nicht mehr geputzt ✕
nicht mehr im Zirkus gewesen ✕ deine beste Freundin / deinen besten Freund kennen ✕
keinen Koffer mehr gepackt ✕ dein Handy nicht mehr benutzt

● Wie lange hast du schon nichts mehr gegessen?
◆ Seit zwei Stunden und fünf Minuten.
  Seit wann ...?

Bei den Zahlwörtern *zwei, drei, ...* gibt es keine Endung, nur bei *ein, eine.*

Präposition seit
Seit wann? seit + *Dativ*

seit einem Monat
seit einem Jahr
seit einer Woche
seit zwei Stunden

(→) AB, Ü 4   GRAMMATIK, Ü 5   Ü 6–9 |

6a **Schau das Bild an und hör zu. Was möchten Tim und Fabio machen?**

8 ⫸

ⓐ Tim und Fabio möchten in der Kantine Bücher und
   Spiele verkaufen.

ⓑ Tim und Fabio möchten im Schulbus Regale aufstellen.

ⓒ Tim und Fabio möchten in der Kantine Bücher und
   Spiele tauschen.

b **Hör noch einmal und beantworte die Fragen.**

8 ⫸

1. Warum war Fabio in Hamburg bei seinen Verwandten?
2. Was für Bücher hat er im Bücherbus gesehen?
3. Was für ein Buch hat er mitgenommen?
4. Wo in der Kantine möchte Tim das Bücherregal aufstellen?
5. Was für Sachen möchte er anbieten?
6. Wen müssen Tim und Fabio fragen?
7. Wie wollen sie die Mitschüler informieren?

(→) AB, Ü 10 |

7a Was sind deine Wünsche? Wähle zu jedem Begriff ein Adjektiv aus.

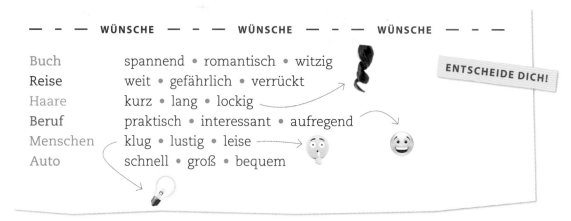

— – — WÜNSCHE — – — WÜNSCHE — – — WÜNSCHE — – —

Buch	spannend • romantisch • witzig
Reise	weit • gefährlich • verrückt
Haare	kurz • lang • lockig
Beruf	praktisch • interessant • aufregend
Menschen	klug • lustig • leise
Auto	schnell • groß • bequem

ENTSCHEIDE DICH!

b Mach ein Interview mit deiner Partnerin / deinem Partner. Welche Gemeinsamkeiten und Unterschiede gibt es?

- Was für ein Buch möchtest du lesen?
- Ich mag ein witziges Buch.
  Und du? Was für ein Buch ...?

→ AB, Ü 11   GRAMMATIK, Ü 12   Ü 13

Frageartikel Was für ein- *im Akkusativ*

Was für einen Beruf möchtest du haben?
Was für ein Buch möchtest du lesen?
Was für eine Reise möchtest du machen?
Was für Spiele möchtest du spielen?

8a Plant eine eigene Tausch-Aktion in der Schule. Sammelt wichtige Informationen und macht Notizen.

1. Was tauscht ihr?
2. Wie heißt die Tausch-Aktion?
3. Wie funktioniert sie?
4. Wo findet sie statt?
5. Wer kann mitmachen?
6. Wann findet sie statt?
7. Warum ist die Tausch-Aktion interessant?

b Gestaltet die Informationen von 8a auf einem Plakat.

Heute schon getauscht?

Was?   Wo?

c Präsentiert euer Plakat in der Klasse.

→ AB, SCHREIBTRAINING, Ü 14

9a Schau die Bilder rechts an und hör zu. Welches Projekt stellen Sina und Moritz vor? Was weißt du schon über das Projekt?

Ihr Blog
[aussaltmachneu].com

b Lies die Sätze und hör weiter. Ist das richtig?

1. Sina und Moritz studieren Physik.   Ja.   (Nein.) ✓
2. Sie interessieren sich für Materialien.   (Ja.) ✓   Nein.
3. Sina und Moritz stellen in ihrem Blog nur ihre eigenen Vorschläge vor.   Ja.   (Nein.) ✓
4. Sina und Moritz verkaufen die Dinge aus ihrem Blog.   Ja.   (Nein) ✓
5. Beim „Upcycling" werden alte Sachen zu schönen neuen Sachen.   (Ja.) ✓   Nein.

10a Hör noch einmal einen Teil des Interviews und schau auch die Fotos in 9a an.
Was haben Sina und Moritz zusammen gemacht?

1. aus T-Shirts	ein Portemonnaie
2. aus einem Badmintonschläger	eine Babydecke
3. aus einer Shampoo-Flasche	einen Zeitungsständer
4. aus einem Pullover	einen Spiegel
5. aus Dosen	eine Tasche

Präposition aus + Dativ

aus einem Pullover
aus einem T-Shirt
aus einer Flasche
aus T-Shirts

▲ Sina und Moritz haben aus T-Shirts eine Baby-Decke gemacht.

b Aus welchen Materialien sind die „neuen" Dinge in 10a?

aus Holz ✕	aus Glas ✕	aus Plastik ✕
aus Stoff ✕	aus Metall	

> Das Portemonnaie ist aus Plastik.

(!) *aus + Material*

aus Holz, aus Plastik

→ AB, GRAMMATIK, Ü 15   Ü 16–17

11 Wer hat was gemacht? Aus welchem Material sind die Sachen?

Ⓐ Lara   Ⓑ Vincent   Ⓒ Claudia   Ⓓ Justus

Farbstifte • Koffer • Blatt Papier • Hose → Lautsprecher • Teppich • Stiftebox • Ohrringe

◆ Lara hat aus Farbstiften Ohrringe gemacht. Sie sind aus Holz und Metall.

→ AB, Ü 18

12 Macht Gruppen und sucht für alle Materialien Dinge in eurem Klassenzimmer. Welche Gruppe hat die meisten Gegenstände?

> Wir haben sechs Dinge aus Holz: die Tische, die Stühle, das Regal, ...

Schule, Schule!

ACHTUNG, EINE DURCHSAGE AN ALLE SCHÜLERINNEN UND SCHÜLER DER GUTENBERG-SCHULE!

1a Schau das Bild an. Wo ist das in der Schule?

b Hör zu. Zu welchen Themen hören die Jugendlichen Informationen?

32 ⬧))

a Sportfest   c Schultheater   e Film „Beste Freunde"

b Abiturprüfungen   d Vortrag über Teleskope   f Schülerzeitung

c Lies die Texte. In jedem Text sind drei Fehler. Hör noch einmal.
Korrigiere die Fehler mit deiner Partnerin / deinem Partner.

32 ⬧))

1. Die Abiturprüfungen finden morgen in den Räumen 110 und 112 statt. Das ist im zweiten Stock.

2. Der Vortrag von Frau Lechner findet vor der Bücherei statt. Er handelt von sehr kleinen Teleskopen und fängt um halb drei an.

3. Am Freitag zeigt die Theater-AG einen Film. Ab 19 Uhr gibt es dann ein Fest. Auch die Großeltern und Geschwister sind eingeladen.

4. Die Abendzeitung kann man ab morgen kaufen. Schüler aus der 9c stellen spannende Menschen vor.

→ AB, Ü 1

2a Lies den Anfang eines Artikels aus „Die Gutenberger". Was für eine Person hat Tim in der Schülerzeitung vorgestellt? Was glaubst du?

HALLO LEUTE!   DIE GUTENBERGER

Wir, Vanessa, Tim und Mira aus der 8c, stellen euch in diesem Monat interessante Persönlichkeiten vor. Lest hier, wer diese Menschen sind und warum wir sie interessant finden.

a eine Sportlerin   b eine Wissenschaftlerin   c eine Schriftstellerin
einen Sportler   einen Wissenschaftler   einen Schriftsteller

b Lies Tims Text auf Seite 53 schnell und kontrolliere.

c Lies die Texte auf Seite 53 und schreib zu den Personen die wichtigsten Informationen:
Name? Beruf? Großer Erfolg? Warum interessant?

1 **Sebastian Dietz**, geboren 1985, spielt bis 2004 beim VfL Neustadt in der
1. Fußball-Mannschaft als Torwart. Nach einem Autounfall im Jahr 2004 ist er
schwer verletzt und kann plötzlich nicht mehr laufen. Die Operation geht gut,
er trainiert viel und lernt wieder gehen. Doch nichts ist mehr wie früher, sein
5 Traum vom Fußballprofi ist zu Ende. Also trainiert er jetzt Diskuswerfen
und Kugelstoßen. Sebastian feiert große Erfolge und gewinnt
2012 in London bei den Sommer-Paralympics eine Goldmedaille –
eine tolle Leistung! Er organisiert verschiedene Hilfsprojekte, z.B. das
„Handicap United". Hier bekommen junge Leute mit Behinderung Hilfe im Alltag.
10 Dieser Sportler zeigt allen Menschen, dass das Leben auch nach so einem schweren
Unfall noch einen Sinn hat. Das finde ich toll! *Autorin: Vanessa Bloch*

2 **Sabine Meier-Rosenthal,** geboren 1959 in Flensburg, möchte schon als Kind
die Natur verstehen. Sie kennt alle Pflanzen und Bäume im Garten und interessiert sich sehr für Tiere. Nach dem Abitur studiert Sabine Biologie in Kiel. An der
15 Universität lernt sie den Physiker Michael Meier kennen. Die beiden heiraten
1987. Nach dem Studium möchte Michael gern in Kiel an der Universität bleiben, aber Sabine will unbedingt ins Ausland gehen. Das geht nicht lange gut.
Seit 1991 sind die beiden geschieden. Sabine Niemann macht Karriere als
Biologin in den USA und wird eine bekannte Professorin. Seit 2009 bekommen
20 in ihrer Stiftung „BioTop" junge Biologinnen und Biologen finanzielle Hilfe für ihre Forschung.
Sabine Rosenthal-Meier ist meine Tante. Sie weiß schon ganz früh, was sie will, und lebt für ihre
Arbeit. Und später hilft sie anderen mit ihrem Geld. Das finde ich super. *Autor: Tim Dahlke*

3 **Wolfgang Herrndorf**, Maler und Schriftsteller, ist 1965 in Hamburg
geboren. Er studiert in Nürnberg Malerei und arbeitet als Zeichner und
25 Autor. Im Jahr 2010 erscheint sein berühmter Roman „Tschick". Es ist die
Geschichte von zwei Jungen: Maik und sein neuer Mitschüler Andrej,
genannt Tschick, stehlen ein Auto und fahren in den Ferien durch ganz
Deutschland und werden Freunde. Der Roman ist meistens sehr lustig,
aber manchmal auch ein bisschen traurig. Wolfgang Herrndorf bekommt
30 für „Tschick" 2011 den Deutschen Jugendliteraturpreis.
Mein Tipp: Das Buch ist echt cool, unbedingt lesen! *Autorin: Mira Bender*

d **Lies die Texte in 2c noch einmal und ergänze die Namen.**

1. (1) möchte zuerst Fußballprofi werden.
2. (2) mag Pflanzen und Tiere.
3. (3) zeichnet und schreibt.
4. (1) hat einen schweren Unfall.

5. (3) hat ein Jugendbuch geschrieben.
6. (2) hilft jungen Wissenschaftlern.
7. (2) ist vier Jahre verheiratet.
8. (1) hilft jungen Menschen mit Behinderung.

→ AB, Ü 2–7

3 Arbeitet in drei Gruppen. Jede Gruppe sammelt zu einem Text in 2c W-Fragen.
Fragt und antwortet dann in der Klasse.

Wann ...? ✳ Warum ...? ✳ Seit wann ...? ✳ Bis wann ...? ✳ Wie lange ...?

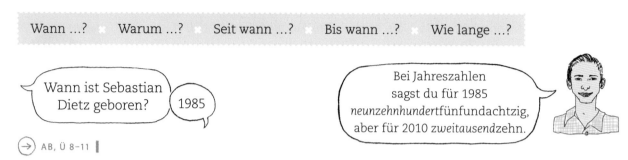

Wann ist Sebastian
Dietz geboren? 1985

Bei Jahreszahlen
sagst du für 1985
neunzehnhundertfünfundachtzig,
aber für 2010 *zweitausendzehn*.

→ AB, Ü 8–11 |

4 Interessante Menschen. Macht ein Partner-Interview.

1. Mit welchem Sportler / Mit welcher Sportlerin
   möchtest du gern mal sprechen?
2. Für welchen Musiker / Für welche Musikerin
   interessierst du dich?
3. Über welchen Schauspieler / Über welche
   Schauspielerin weißt du viel?

Präposition + Frageartikel welch-

Mit welch**em** Sportler sprichst du?
Für welch**en** Musiker interessierst du dich?

→ AB, GRAMMATIK, Ü 12   Ü 13 |

5 Für welche Persönlichkeit interessierst du dich besonders? Was möchtest du über die Person
wissen? Schreib fünf Fragen.

→ AB, SCHREIBTRAINING, Ü 14 |

6a Schau die Webseite an und hör zu. Was weißt du schon über Frau Lechner?

33))

www.die-gutenberger.de

Start   Podcasts   Downloads   Links

PODCASTS 🎧   ▶

Medien-AG:
Gutenberg on Air!

Podcast Nr. 32:
**Interview mit
Frau Lechner**

Tim Dahlke im Interview mit Frau Lechner

b Hör nun das ganze Interview. Was ist richtig?

34))

1. Wo ist Frau Lechner zur Schule gegangen?

   a in Köln   b in Santiago   c in Hamburg

2. Was hat Frau Lechner nach der Schule gemacht?

   a Sie hat eine Reise nach Südamerika gemacht und hat dort gearbeitet.

   b Sie hat zuerst verschiedene Jobs gemacht und ist dann nach Südamerika gereist.

   c Sie ist nach Südamerika gereist und hat bei einem wissenschaftlichen Projekt mitgemacht.

3. Warum ist Frau Lechner Lehrerin geworden?

   ⓐ Weil sie nicht Wissenschaftlerin werden konnte.

   ⓑ Weil sie gern mit jungen Menschen arbeitet und gern erklärt.

   ⓒ Weil sie den Unterricht interessanter machen wollte als damals.

4. In welchen Fächern war Frau Lechner früher schlecht?

   ⓐ In Sport.   ⓑ In Naturwissenschaften.   ⓒ In Fremdsprachen.

5. Warum hat Frau Lechner Probleme mit dem Karneval?

   ⓐ Weil sie sich in Köln nicht wohlfühlt.

   ⓑ Weil die Kölner zu herzlich sind.

   ⓒ Weil sie dieses Fest in Norddeutschland nie gefeiert hat.

→ AB, Ü 15 |

7a „Beste Freunde" – Die Gutenberg-Schule lädt ein!
Schau die Bilder an. Wer sind die Personen? Wo sind sie? Was machen sie?

b Arbeitet in Gruppen. Schreibt zu *einem* Bild einen Dialog und spielt ihn in der Klasse vor.

c Welcher Dialog hat dir am besten gefallen? Warum? Antworte in deiner Sprache.

d Hört jetzt die Original-Dialoge und vergleicht mit euren Dialogen.

Jugend forscht

1 **Lies den Anfang des Textes und schau die Bilder an. Was haben Jugendliche da erforscht oder erfunden? Was glaubst du? Sprich in deiner Sprache.**

jugend⊗forscht fördert junge Talente aus Technik und Naturwissenschaften. In 50 Jahren hat es schon viele tolle Ideen von jungen Leuten zwischen 15 und 21 Jahren gegeben. Wir stellen einige Schülerinnen und Schüler vor. Sie haben bei *Jugend forscht* mitgemacht.

 Ⓐ  Ⓑ  Ⓒ  Ⓓ

2 **Lies nun die Texte und beantworte dann die Fragen unten.**

Sonne für den Motor – das Solarmobil

5 Linus aus Düsseldorf ist ein Bastler. Er sammelt viele Dinge und macht Neues daraus. Jetzt hat er aus seinem Kettcar ein Solarmobil gemacht. Der Motor braucht kein Benzin, er fährt nur mit Sonne!
10 Solarzellen auf dem Dach sammeln die Sonnenenergie für den Motor. Außerdem hat Linus sein Solarmobil schön rot ange-malt. Und: Es fährt wirklich!

Die Öko-Babywindel

15 Lisa und Josie, zwei Schwestern aus Leipzig, haben einen kleinen Bruder bekommen. Das Baby braucht jede Woche viele Windeln. Das ist teuer und macht sehr viel Müll. Die zwei Mädchen haben deshalb eine
20 Alternative gesucht und die Öko-Windel erfunden. Sie ist aus Pflanzen und Baum-wolle und außerdem noch billiger als die Windel aus dem Supermarkt.

Gefährliche Vulkane

25 Magdalena aus Heidelberg war in den Ferien mit ihren Eltern in Island. Dort gibt es viele Vulkane. Magdalenas Hobby ist Physik. Sie hat mit einer Wärmebildkamera die Temperatur von Erde und Steinen in der Nähe von
30 Vulkanen gemessen und aufgeschrieben. Und sie hat festgestellt: Da, wo die Temperaturen viel höher waren als in den letzten Jahren, kann es vielleicht bald gefährlich werden.

Schneller Roboter

35 Laras Mutter hat einen Saug-Roboter gekauft. Aber der Roboter braucht viel Zeit und sehr viel Energie. Das hat Lara nicht gefallen. Deshalb hat sie mit ihrem Freund Levin aus Magdeburg eine Software programmiert. Sie
40 berechnet jedes Zimmer in der Wohnung und sagt dem Roboter, wie er fahren muss. Der Roboter arbeitet jetzt viel schneller und braucht weniger Energie.

1. Warum braucht ein Solarmobil kein Benzin?

2. Warum interessieren Lisa und Josie sich für Baby-Windeln?

3. Wie kann man die Temperatur von Erde und Steinen messen?

4. Wer sagt dem Saug-Roboter, wie er fahren muss?

3 **In Gruppen: Welche Erfindungen der Menschheit findet ihr gut / nicht gut? Sammelt je drei Beispiele.**

Braucht man für Linus' Solarmobil einen Führerschein?

Erfinder und ihre Erfindungen

1 **Wie heißen die Erfinder?**
Ordne die Bilder den Namen zu.

> Wilhelm Conrad Röntgen ✕ Levi Strauss ✕
> Henrich Focke ✕ Johannes Gutenberg

 (A)

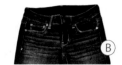 (B)

 (C)

 (D)

der Buchdruck   die Jeans   das Röntgenbild   der Hubschrauber

2a **Macht Gruppen. Jede Gruppe wählt eine Erfinderin / einen Erfinder und die Erfindung aus eurem Land oder einem deutschsprachigen Land.**

b **Sammelt Informationen und macht ein Plakat oder eine Präsentation am Computer.**

3a **Präsentiert eure Erfinderin / euren Erfinder und die Erfindung in der Klasse.**

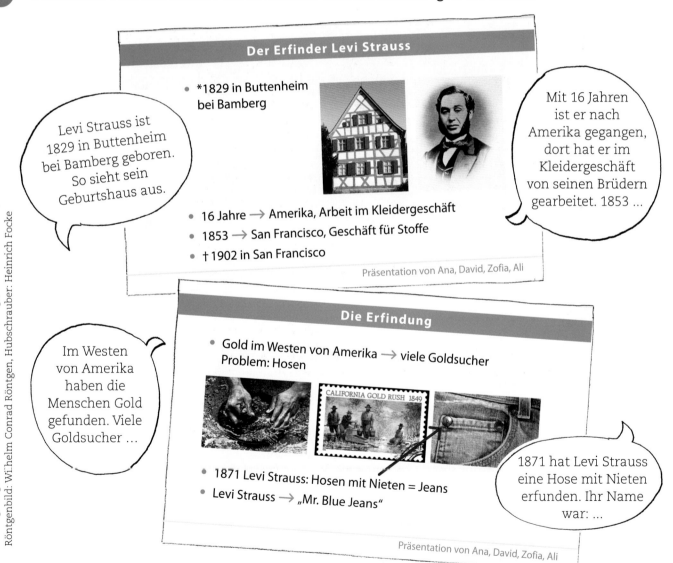

Lösung Aufgabe 1: Buchdruck: Johannes Gutenberg, Jeans: Levi Strauss, Röntgenbild: Wilhelm Conrad Röntgen, Hubschrauber: Heinrich Focke

b **Welchen Erfinder und welche Erfindung findet ihr am interessantesten? Warum?**

Grammatik

● Verben mit Präposition

Verb + Präposition + Akkusativ

Tim interessiert sich für das Astronomie-Buch.

Er weiß viel über dieses Thema.

Er freut sich schon auf die Sonnenfinsternis.

Verb + Präposition + Dativ

Tim beschäftigt sich schon lange mit diesem Thema.

Sein Opa macht bei Sterngucker e.V. mit.

> Interessierst du dich auch für diesen Film?

> Ja, ich beschäftige mich schon lange mit diesem Thema.

● Frageartikel

Präpositionen + *welch-*

mit + welch- *im Dativ:*   Mit welchem Sportler möchtest du gern sprechen?

für + welch- *im Akkusativ:*   Für welchen Musiker interessierst du dich?

über + welch- *im Akkusativ:*   Über welche Schauspielerin weißt du viel?

> Für welchen Schauspieler interessierst du dich besonders?

> Für Robert Pattinson.

Was für ein-?

Nominativ		Akkusativ	
Was für ein Beruf		Was für einen Beruf	möchtest du mal haben?
Was für ein Buch	gefällt dir?	Was für ein Buch	
Was für eine Uhr		Was für eine Uhr	
Was für Spiele	gefallen dir?	Was für Spiele	

● Präpositionen

seit + Dativ

	seit einem Monat	
Ich habe	seit einem Jahr	nicht mehr ferngesehen?
	seit einer Woche	
	seit drei Jahren	

Bei den Zahlwörtern zwei, drei, ... gibt es keine Endung, nur bei ein, eine.

> Was für einen Beruf möchtest du mal haben?

> Ach, ich weiß noch nicht.

Seit wann? = Wie lange schon?

Präposition aus + Dativ

	aus einem Pullover	
Sina und Moritz haben	aus einem T-Shirt	neue Dinge gemacht.
	aus einer Flasche	
	aus T-Shirts	

! aus + Material -> ohne Artikel Die Flasche ist aus Glas.

Indirekte Frage

direkte Frage:		Wie lange	dauert	eine Sonnenfinsternis	?
indirekte Frage:	Ich weiß nicht,	wie lange	eine Sonnenfinsternis	dauert	.

Tim: Was soll ich mitbringen?
-> Tim fragt, was er mitbringen soll.

Syntax: Nebensatz mit indirekter Frage

			Ende
Ich weiß nicht,	wie lange	eine Sonnenfinsternis	dauert.
Ich habe gefragt,	warum	es Sonnenfinsternisse	gibt.
Weißt du,	wann	die nächste Sonnenfinsternis	ist?

Wie wird das Wetter am Wochenende?

Wie bitte?

Weißt du, wie das Wetter am Wochenende wird?

Syntax: Zeit vor Ort

	1. Zeit	2. Ort	
Tim ruft	am Vormittag	bei Fabio	an.
Hat Anna ihre Freunde	letzte Woche	in München	besucht?
Fabio ist	erst spät	nach Hause	gekommen.

◆ Wann holt Opa dich ab?
● Opa holt mich um zehn am Bahnhof ab!

Ich kann ...

über das Wetter sprechen:
● Wie ist das Wetter? ■ Es ist windig, aber die Sonne scheint. ◆ Das Wetter im Süden ist heute schlecht. Es regnet und es ist kühl.

Interesse ausdrücken:
Ich interessiere mich für Astronomie.
Ich beschäftige mich mit Sternen und Planeten.
Ich weiß viel über dieses Thema und ich freue mich auf die nächste Sonnenfinsternis.

Zeit- und Ortsangaben machen:
Anna hat um halb elf am Fenster gestanden.
Opa hat Tim am Vormittag vom Bahnhof abgeholt.

ein Projekt beschreiben:
Beim Kleiderkreisel kann man Kleidung tauschen. Man bringt fünf alte Teile hin und nimmt fünf neue Teile mit.

Dauer oder Zeitraum angeben:
◆ Seit wann hast du schon nichts mehr gegessen? ■ Seit einer Stunde.
● Wie lange lernst du schon Deutsch?
◆ Seit zwei Jahren.
▼ Seit wann gehst du in unsere Schule?
■ Seit 2014.

nach Eigenschaften fragen und darauf antworten:
◆ Was für eine Reise möchtest du mal machen? ▼ Eine verrückte Reise.

Fragen zum Leben von Personen stellen und beantworten:
■ Wann ist Sebastian Dietz geboren?
◆ Sebastian Dietz ist 1985 geboren.
Er spielt bis 2004 beim VfL Neustadt in der 1. Fußballmannschaft als Torwart.
▼ Wie heißt der berühmte Jugendroman von Wolfgang Herrndorf? ◆ Tschick.

Wiederholung

Lektion 34

1a Wie sind die Jahreszeiten bei euch? Sammelt in Gruppen Wörter und Ausdrücke zum Thema *Wetter*.

Frühling	Sommer	Herbst	Winter
die Sonne		Es ist kühl.	

b Spielt nun: „Wie ist das Wetter?" Mach Pantomime, die anderen raten.

2a Welche Präpositionen passen zu den Verben?

sich interessieren ✳ sich beschäftigen ✳ wissen ✳ sich freuen ✳ sprechen

b Schreibt zu zweit einen Text mit den Verben in 2a über eine Mitschülerin / einen Mitschüler oder eine berühmte Person. Lest den Text dann vor. Die anderen raten: Wer ist das?

◆ X interessiert sich …

Lektion 35

1 Was machst du mit deinen alten Sachen? Sprich mit deiner Partnerin / deinem Partner.

■ Was machst du mit deinen alten CDs?

2a Aus welchen Materialien sind diese Dinge?

b Was kann man aus den Dingen in 2a machen? Sammelt in Gruppen Vorschläge. Welche Gruppe hat die besten Ideen?

● Aus einem Glas kann man …

Lektion 36

1 Welche Veranstaltungen und Projekte gibt es an eurer Schule? Macht zu zweit eine Liste und schreibt eine lustige Durchsage für die Schule.

Schülerzeitung

2 Sammelt in Gruppen Fragen zum Thema *Deutsch*. Macht dann im Kurs ein Interview mit eurer Deutschlehrerin / eurem Deutschlehrer.

Seit wann …?
Bis wann …?
Wie lange …?

Mit welch- …?
Für welch- …?
über welch- …?

- Die alphabetische Wortliste enthält die neuen Wörter von *Beste Freunde* A2.1 und A2.2 mit Nennung der Lektion und der Aufgabennummer.
  Beispiel: abschließen 27 8b* → Das Wort *abschließen* kommt erstmals in **Lektion 27**, Aufgabe 8b vor.

- Mit einem * sind Aufgabe und Lektion markiert, in der das Wort als Lernwortschatz vorkommt.
  Der jeweilige Lernwortschatz ist auch im Arbeitsbuch am Ende jeder Lektion zu finden.

- Angegeben ist jeweils das erste Vorkommen im Buch. Sind zwei Lektionsangaben vorhanden, bezieht sich die erste Angabe auf das erste Vorkommen im Buch, an der zweiten Stelle wird das Wort in den Lernwortschatz aufgenommen.
  Beispiel: abends 19 9c 27 9a*

- Kursiv gedruckt sind Wörter, die weder zum Lernwortschatz von *Beste Freunde* A2 gehören, noch für die Prüfungen der Niveaustufen A1, A2 und B1 vorausgesetzt werden.

- Nomen mit der Angabe (Sg.) verwendet man in der Regel nur im Singular.
  Nomen mit der Angabe (Pl.) verwendet man in der Regel nur im Plural.

- Folgende Abkürzungen werden verwendet: **AB** = Arbeitsbuch, **LK** = Landeskunde, **AeB** = Auf einen Blick

A

abends 19 9c 27 9a*
Abfall, ⸚e, der 35 1*
abgeben AB 22 4 35 2a*
Abitur (Sg.), das 36 1a*
abschließen 27 8b*
Abteilung, -en, die 5 9 30 7a*
ach ja 19 2b
Achtung (Sg.), die 12 2 36 1a*
Action (Sg.), die 22 7a
Action-Film, -e, der 22 7a
Afrika (Sg.), das 27 4*
Afrikanerin, -nen, die AB 22 6a
AG, -s, die 25 1
Ahnung, -en, die 1 3b 34 4*
Akademie, -n, die 26 5a
aktiv Einstieg 8
aktuell 26 4b
Albtraum, ⸚e, der 31 10*
alles 5 5a 26 1c*
Alltag (Sg.), der 36 2b*
als 21 7 22 7b*
also 5 2a 23 5b*

Alter (Sg.), das Einstieg 1
26 4a*
Alternative, -n, die LK 12 2
Altersheim, -e, das LK 8 2
Amerikaner, -, der 22 3*
Amerikanerin, -nen, die 22 3*
Ampel, -n, die 23 4*
anbieten 35 6b*
anders 19 2b*
anmachen 19 9c*
Anrede, -n, die AB 31 7b
anstrengend 5 5a 30 9a*
Antwort, -en, die 2 13 26 5a*
antworten 29 10a*
anziehen 19 9c*
Apfelkuchen, -, der 29 4a*
Apotheke, -n, die 31 5b*
Arbeitszimmer, -, das 34 7u
Architektur, -en, die LK 10 1
ärgern (sich) 20 1b*
Argument, -e, das 24 2c*
arm LK 9 1
Astronom, -en, der Einstieg 12

Astronomie (Sg.), die 34 7a*
Atmosphäre, -n, die 27 10
Audio, -s, das Einstieg 9
auf Deutsch 33 7a*
auf jeden/keinen Fall 23 1a*
Aufenthaltsraum, ⸚e, der 27 5a
Aufgabe, -n, die LK 2 2 24 1*
aufhaben 24 2c*
aufhängen 23 1b
aufhören 32 2*
aufpassen 23 5b*
aufregend 35 7a*
Aufsatz, ⸚e, der 24 1*
aufschreiben LK 12 2
aufsetzen 19 9b
aufstellen 35 6a*
Augenfarbe, -n, die Einstieg 11
Ausbildung, -en, die 30 4b*
Ausflug, ⸚e, der 22 2c*
ausfüllen 31 4a
Ausgang, ⸚e, der 21 2a*
Ausland (Sg.), das 24 8a*
Ausländer, -, der/die AB 24 18

Wortliste

ausmachen   19 9b*
auspacken   19 2a*
ausprobieren   19 9b*
außerdem   Einstieg 4   21 9*
Ausstellung, -en, die   25 1*
aussuchen   24 8a
Australier, -, der   AB 22 6a
Australierin, -nen, die   AB 22 6a
Autobahn, -en, die   34 10b*
Automat, -en, der   30 9a
Autor, -en, der   36 2c
Autorin, -nen, die   36 2c
Autoskooter, -, der   21 6b*
Autounfall, ¨e, der   36 2b*

B

Baby, -s, das   35 10a
Babydecke, -n, die   35 10a
Babywindel, -n, die   LK 12 2
backen   21 5*
Bäcker, -, der   30 8*
Bäckerei, -en, die   13 7b   30 6b*
Bäckerin, -nen, die   30 8*
Badmintonschläger, -, der   35 10a*
Balkon, -e, der   19 7*
Ball, ¨e, der   22 7b*
Ballett (Sg.), das   Einstieg 11   22 9*
Ballett-Tänzerin, -nen, die   22 9
Ballett-Unterricht, -e, der   Einstieg 11
Bangladesch (Sg.), das   AB 32 17
Bank, ¨e, die   28 5a*
Bastel-Blog, -s der   35 2a
Bastler, -, der   LK 12 2
Baujahr, -e, das   AB 23 15
Baum, ¨e, der   LK 3 1a   20 7a*
Baumwolle (Sg.), die   LK 12 2
beantworten   16 11a   32 1a*
bearbeiten   25 1*
beeilen (sich)   34 10b*
behalten   21 7
Behinderung, -en, die   36 2c

beide   20 1c*
beliebt   31 10*
benutzen   35 5*
bequem   32 8*
berechnen   LK 12 2
Berg, -e, der   LK 1 1   34 3*
berühmt   LK 6 2   28 4a*
beschäftigen (sich)   34 7c*
besonders   5 5a   26 1c*
besser   22 7b*
best-   25 1
bestellen   27 3a*
bestimmt   20 7a
Betreff, -e, der   10 1   AB 31 5b*
Bett, -en, das   19 5a*
Bewerbung, -en, die   30 5a*
Bier, -e, das   21 7*
bieten   27 5a
bis zu (lokal)   23 4
bisschen   8 13a   20 1b*
Blatt, ¨er, das   25 5a*
Blog, -s, der   Einstieg 9   25 3*
Blume, -n, die   Einstieg 5   20 7a*
Boot, -e, das   32 9*
böse   29 12*
Botschaft, -en, die   31 10
Brasilianer, -, der   22 3
Brasilianerin, -nen, die   22 3
Braten, -, der   LK 7 2
Bratwurst, ¨e, die   21 3a
Brett-Spiel, -e, das   AB 35 15a
Breze, -n, die   21 7*
Brief, -e, der   20 1a*
Brille, -n, die   20 7a
Brillenschlange, -n, die   AB 32 17
Brücke, -n, die   Einstieg 7   23 1b*
Buchdruck (Sg.), der   Projekt 12 1
Bücherbus, -se, der   35 2a
Bücherei, -en, die   36 1c*
Bücherregal, -e, das   35 2a
Bulgarin, -nen, die   AB 22 6a
bunt   29 8a*
Burg, -en, die   17 2a   27 10*

Bürgermeister, -, der   32 10c
Büro, -s, das   30 6b*
Buslinie -n, die   35 2a

C

casten   31 4a
Casting, -s, das   31 4a*
Castingshow, -s, die   31 10*
Cello, -s, das   LK 9 1
Chance, -n, die   22 7b   31 9*
Chaos (Sg.), das   19 7*
Chaot, -en, der   19 9b
Chat-Freund, -e, der   Einstieg 9
chatten   25 3*
Check-in (Sg.), der   30 9a
Chef, -s, der   AB 25 16
Chemie (Sg.), die   24 1*
Chinese, -n, der   AB 22 6a
Chor, ¨e, der   25 1b
circa (ca.)   AB 25 16
Clown, -s, der   20 7a
Computerkurs, -e, der   19 3a
Computerprogramm, -e, das   21 4

D

Dach, ¨er, das LK 12 2
dafür   24 2c*
dafür/dagegen sein   24 9c*
dagegen   24 2c*
damals   LK 9 1
Dame, -n, die   32 10c
danken   32 10c*
dass   27 2*
Datei, -en, die   25 2*
Datum (Sg.), das   23 1a*
dauern   30 9a*
Daumen, -, der   27 10
Decke, -n, die   33 2b*
Delfin, -e, der   AB 22 17a
Demonstrativartikel, -, der   AeB 10
denn   6 2a   24 8a*
denn (Modalpartikel)   6 2a   19 2*
Designer-Möbel (Pl.),   32 8*

deutlich   33 7a*

Deutsche, -n, die/der   22 3*

Deutschunterricht (Sg.), der
   AB 30 6

Dialekt, -e, der   Einstieg 11

Diamant, -en, der   AB 22 16

dieser/dieses/diese   2 13   28 1b*

Digitalkamera, -s, die   AB 31 5
   32 9*

Diktat, -e, das   24 1*

Ding, -e, das   30 10

Dinosaurier, -, der   AB 22 17a

direkt   26 1c*

Dirndl, -, das   21 7

Diskuswerfen (Sg.), das   36 2c

Diva, Diven, die   20 7a

Dollar, -s, der   AB 22 18

Dom, -e, der   Einstieg 7   28 4a*

Domplatte, die   28 4a

Dose, -n, die   LK 3 2a   35 2a*

Dr. (Doktor)   29 10a

draußen   Einstieg 4   26 5a*

drehen (einen Film)   25 1*

dribbeln   22 1

drinnen   26 5a*

drucken   25 2*

dunkel   34 1*

dunkel- (+Farbe)   31 1b*

Durchsage, -n, die   36 1a

dürfen   22 4a*

Dusche, -n, die   27 5a

Duschgel, -s, das   31 1a*

E

eben   21 5

Ecke, -n, die   23 4*

egoistisch   20 7a*

eher   Einstieg 10

eigentlich   9 3a   19 2b*

ein paar   22 2b*

Eingang, ¨e, der   21 2a*

einig-   20 7a

einpacken   LK 7 2

Eins, -er, die   21 4

Eiscafé, -s, das   27 3a*

Eisgetränk, -e, das   29 4a

Eiskaffee, -s, der   29 4a*

Eisschokolade, -n, die   29 4a*

elegant   20 7a*

Endspiel, -e, das   22 7b

eng   29 6b*

Engländer, -, der   22 3*

Engländerin, -nen, die   22 3*

Enkel, -, der   28 5a*

Enkelin, -nen, die   28 5a*

entschuldigen   29 1a*

Erdbeere, -en, die   29 4a*

Erde (Sg.), die   28 4a

Erfahrung, -en, die   LK 8 2

erfinden   LK 12 2

Erfolg, -e, der   31 10*

erklären   24 2c*

erlauben   23 1b*

erleben   34 1

erscheinen   36 2c

erst   35 4*

euch   21 8*

euer/eure   19 2a*

Eule, -n, die   AB 22 17a

Experte, -n, der   31 10

Expertin, -nen, die   31 10

Exportfirma, Exportfirmen, die
   30 7a

F

Fahrradtraining, -s, das   20 6a

Fahrradtrial, -s, der   20 1c

Fahrt, -en, die   35 2a

Fall   27 9b*

Familientag, -e, der   21 7

Fantasisch (Sg.), das   33 7a

Farbstift, -e, der   35 11*

Fasching (Sg.), der   LK 7 1

Fasnacht (Sg.), die   LK 7 1

fast   20 1b

faul   20 7a*

FC (Fußballclub), -s, der   22 7b

fehlen (+ Dativ)   12 2   19 1*

feiern   21 3c*

Feiertag, -e, der   AeB 7

Fenster, -, das   Einstieg 12
   34 11*

Fernsehen (Sg.), das   19 9c*

Fernseher, -, der   9 7a   27 7a*

Fernseh-Publikum (Sg.), das   31 10

Fernsehsendung, -en, die   31 9*

fertig sein   6 12a   19 2b*

Festival, -s, das   20 6b*

feststellen   LK 12 2

Fieber (Sg.), das   31 5a*

Film, -e, der   5 2a   25 1a*

filmen   26 5a

Filmstar, -s, der   21 4

Finale, -, das   26 4a*

finanziell   36 2c

Firma, Firmen, die   30 5a*

Fischmarkt, ¨e, der   23 5b

fit sein   30 7a

Fleischpflanzerl, -, das   19 4b

fleißig   20 7a*

Flöte, -n, die   LK 7 2

Flughafen, ¨, der   27 10*

fördern   AB 32 12

Formel, -n, die   24 1*

Formular, -e, das   31 4a

forschen   LK 12 1

Foto-Ausstellung, -en, die   25 1

Fotokurs, -e, der   27 4

Fotomodell, -e, das   22 11*

Fotoporträt, -s, das   Einstieg 7

Fotoshooting, -s, das   31 4a

fremd   AB 24 20

Fremdsprache, -n, die
   Einstieg 3   36 6c*

freuen (sich)   20 1c*

Frikadelle, -n, die   19 4b

Frisbee, -s, das   AB 32 3   33 1*

Friseur, -e, der   30 8*

Friseurin, -nen, die   30 8*

Friseursalon, -s, der   30 6b*

Frisur, -en, die   20 7a   31 4a*

Frisuren-Modell, -e, das   31 4a

früh   25 5a   26 7a*

Wortliste

früher **LK5** 2 **36** 2b*
Frühstücksbuffet, -s, das **27** 7a
fühlen (sich) **20** 1b*
Führerschein, -e, der **LK 12** 2
Fünfer Looping, -s, der **21** 7
funktionieren **19** 9b
Fußballplatz, ¨e, der **22** 2a*
Fußballprofi, -s, der **36** 2c
Fußballturnier, -e, das **AB 32** 12
Fußgängerzone, -n, die **13** 7a
   20 6b*

G

Gabel, -n, die **24** 4a*
ganz **4** 3 **32** 10b*
Gasse, -n, die **23** 5b
Gast **29** 5
geboren, **36** 2b*
Geburtshaus, ¨er, das **LK 9** 1
gefährlich **28** 1b*
gegen **22** 7b
gehören **28** 7a*
Geige, -n, die **LK 9** 1
Gemüsesuppe, -n, die **AB 21** 13
genauso **AB 22** 17b*
Genie, -s, das **31** 10
genug **8** 5 **33** 8a*
Gepäck (Sg.), das **30** 9a*
Gepäckabteilung, -en, die **30** 9a
Gepard, -e, der **22** 11*
Gesamtschule, -n, die **LK 8** 2
Geschäft, -e, das **29** 6b*
geschieden **36** 2b*
Gespräch, -e, das **29** 1b*
gestreift **29** 8a*
gesund **LK 3** 1a* **31** 8a*
Getränk, -e, das **27** 3a*
Gewicht, -e, das **AB 22** 19
Gewinn, -e, der **32** 10b*
Gewinner, -, der **32** 10b
Gewinnerin, -nen, die **32** 10b
Giraffe, -n, die **AB 22** 17a
gleich **6** 12a **33** 8a*
Glöckchen, -, das **LK 7** 2

glücklich **20** 7a*
Gold (Sg.), das **Projekt 12** 3a
Goldmedaille, -n, die **36** 2b*
Goldsucher, -, die **Projekt 12** 3a
googeln **25** 2*
Grad (°C) (Sg.), der **33** 1
Grafitti, -s, das **23** 3b
gratulieren **32** 1b*
Grippe (Sg.), die **31** 5b*
Größe, -n, die **AB 22** 19
Großfamilie, -n, die **AB 36** 4
großzügig **32** 10c
Grundschule, -n, die **32** 10c*
Gruppe, -n, die **4** 7 **26** 4a*
Grüß Gott. **19** 4
Gürtel, -, der **29** 8a*
(nicht) gut gehen **36** 2c

H

Haarfarbe, -n, die **Einstieg 11**
Hähnchen, -, das **21** 3a*
halbe Stunde, -n, die **29** 1a*
Halloween (Sg.), das **LK 7** 1
Halt! **28** 5c
Hamburger, -, der **LK 3** 2a
   28 4a*
handeln **36** 1c
Handicap, -s, das **36** 2c
Handtuch, ¨er, das **31** 1a*
Handyverbot, -e, das **24** 1
Hangar, -s, der **27** 10
hängen **19** 6*
hässlich **23** 9*
Haus, ¨er, das **LK 2** 2 **23** 3b*
Headset, -s, das **Einstieg 9**
heiraten **36** 2b*
heiß **26** 7a*
hell- (+Farbe) **31** 1b*
herrlich **33** 8a*
herunterladen **25** 2*
Herz, -en, das **21** 7*
Hilfe (Sg.), die **8** 13a **36** 2b*
Hilfsprojekt, -e, das **36** 2c
Himmel, -, der **LK 5** 2 **34** 2c*

hinbringen **35** 2a
hinter **25** 6a*
hinterher **Einstieg 8**
hoch **28** 4a*
hochfahren **20** 1c
Hochhaus, ¨er, das **LK 10** 1
hochladen **31** 4a
hoffentlich **20** 1c*
höflich **29** 5*
holen **35** 2a*
Holz, ¨er, das **Einstieg 12**
   35 10b*
Homepage, -s, die **25** 1*
Hotel, -s, das **LK 6** 3 **27** 6*
Hubschrauber, -, der **Projekt 12** 1
Hundebesitzer, -, der **33** 8a

I

ihr, ihm, ihnen **28** 5c*
immer noch **11** 6a **23** 16*
Indien (Sg.), das **AB 32** 17
Informatiker, -, die **20** 7a*
Informatikerin, -nen, die **23** 7a*
Information, -en, die **26** 4a*
Informationsveranstaltung, -en, die
   30 5a
informieren **27** 5a **35** 6b*
Ingenieur, -e, der **30** 8*
Ingenieurin, -nen, die **30** 8*
insgesamt **30** 9a
Instrument, -e, das **LK 11** 1
Interesse, -n, das **25** 4a*
interessieren (sich) **20** 7a
   34 7a*
Internetschule, -n, die **24** 8a*
Internetschüler, -, der **24** 8a
Interview, -s, das **2** 1 **25** 1*
iPod®, -s, der **19** 9b
irgendwie **19** 2b
Italien (Sg.), das **LK 1** 3 **23** 1b*
Italiener, -, der **22** 3*
Italienerin, -nen, die **22** 3*
IT-Service, -s, der **30** 9a*

J

Jackpot, -s, der   32 10c

jemand   **Einstieg 4**   25 4a*

jetzt   3 1a   22 4b*

Job, -s, der   5 5a   20 1b*

Jockey, -s, der   22 9*

joggen   28 5a*

Jogurt, -s, der   24 5

Joker, -, der   32 1b*

Jugendbuch, ⁼er, das   36 2d

Jugend-Filmfestival, -s, das   31 4a

Jugendhaus, ⁼er, das   27 5a

Jugendherberge, -n, die   **LK 6 2**   27 5b*

Jugendhotel, -s, das   27 8a

Jugendliteraturpreis, -e, der   36 2c

Jugendzeitschrift, -en, die   29 10a

jung   19 2b*

K

Kamera, -s, die   22 7b   25 8*

Kameramann, ⁼er, der   25 1*

Kanada (Sg.), das   33 8a

Kandidat, -en, der   31 9*

Kandidatin, -nen, die   31 9*

Kantine, -n, die   35 6a*

Kapitän (einer Fußballmannschaft), -e, der   22 1a*

Karat, -e, das   **AB 22** 16

kariert   29 8a

Karneval (Sg.), der   **Einstieg 7**   22 2c*

Karnevalsband, -s, die   **Einstieg 8**

Karnevalszeitung, -en, die   **Einstieg 8**

Karriere, -n, die   36 2b*

Kasse, -n, die   21 2b*

Katalog, -e, der   31 4a

Keks, -e, der   **LK 7 2**

Kellner, -, der   29 4b

Kellnerin, -nen,   29 4b

Kenntnisse (Pl.)   **Einstieg 11**

Ketchup, -s, der   21 3c*

Kicker (Person), -, der   **AB 32** 12

Kilo(gramm), -, das   22 7b

Kind, -er, das   **LK 3 1a**   28 1b*

Kindergarten, ⁼, der   **LK 3 1a**   30 6b*

Kirche, -n, die   23 5b*

klappen   19 9b*

Klassenfahrt, -en, die   **LK 6 2**   26 6a*

Klassenzimmer, -, das   24 8a

Klavierstück, -e, das   **LK 9 1**

Kleidergeschäft, -e, das   **Projekt 12** 3a

Kleidergröße, -n, die   **Einstieg 11**

Kleiderkreisel, -, die   35 2a

Kleidung (Sg.), die   26 5a*

klingeln   **LK 7 2**

klug   35 7a*

km/h (Kilometer/Stunde)   **AB 22** 19a

Knödel, -, der   **LK 7 2**

Knoten, -, der   **AB 22** 16

Kobra, -s, die   32 1b*

Koffer, -, der   27 2*

Kollege, -n, der   30 9a*

Kollegin, -nen, die   30 9a*

komisch   19 2a*

kommunizieren   22 7b

Komödie, -n, die   20 6b*

Komparativ, -e, der   **AeB 8**

kompliziert   23 5b*

Konjunktion, -en, die   **AeB 8**

Konjunktiv, -e, der   **AeB 10**

Kontakt, -e, der   25 1

kontrollieren   24 8a*

Kooche (Kölner Dialekt), -, der   19 2a

Kopfhörer, -, der,   19 9b   25 8*

kopieren   25 2*

korrigieren   24 1*

kostenlos   27 5a*

Kostüm, -e, das   **LK 7 2**

Kostümfest, -e, das   **Projekt 7 1**

Krankenhaus, ⁼er, das   24 8a*

Krankenpfleger, -, der   30 7a*

Krankenschwester, -n, die   30 7a*

kreativ   26 4a

Kreuzung, -en, die   23 4*

Krimi, -s, der   **AB 19** 15   20 6*

Krimi-Komödie, -n, die   20 6b

Kritik, -en, die   31 9*

Kugel, -n, die   27 10*   29 4a*

Kugelstoßen (Sg.), das   36 2c

kühl   34 6a*

Kühlschrank, ⁼e, der   19 5a*

Künstler, -, der   20 7a*

Künstlerin, -nen, die   20 7a*

L

Land, ⁼er, das   **LK 1 1**   22 2c*

lange   9 7a   24 8a*

Länge, -n, die   **AB 22** 16

langsam   19 9c*

langweilen (sich)   31 6*

Laptop, -s, der   20 7a*

Latein (Sg.), das   **LK 9 1**

Lateinisch (Sg.), das   32 1b*

laut   23 3b*

Lautsprecher, -, der   32 9*

leben   **LK 3 1a**   20 7a*

Leben, -, das   36 2c

Lebkuchen, -, der   21 7*

lecker   **LK 3 2a**   21 3a*

Lederhose, -n, die   21 7*

leer   35 2a*

legen   24 4c*

Leggings (Pl.), die   29 8a*

Lehrerwitz, -e, der   25 1

leihen   34 10a*

leise   **AB 27** 3   35 7a*

Leistung, -en, die   36 2c*

leiten   27 8a*

Leiter (einer Institution), -, der   25 1*

letzte   **LK 9 1**

Liebe, -n, die   23 1a*

Liebesschloss, ⁼er, das   23 1b

Lieblingsfest, -e, das   **LK 7 2**

Lieblingsfußballspieler, -, die   **AB 36** 14a

Wortliste

Lieblings-Magazin, -, das   35 2a
Lieblingsmusik (Sg.), die   19 9b
Lieblingsort, -e, der   28 1a
Lieblingsposter, -, das   Einstieg 12
Lieblingsserie, -n, die   19 9b
Lieblings-T-Shirt, -s, das   AB 19 15
liegen   LK 5 2   19 6*
Link, -s, der   26 5a*
lockig   35 7a*
Löffel, -, der   24 4a*
Look, -s, der   31 4a
Los!   26 7a*
Lösung, -en, die   24 2c*
Lotto (Sg.), das   32 10a*

M

mal   LK 1 1   22 4a*
Maler, -, der   36 2c
Malerei (Sg.), die   36 2c
Mama, -s, die   21 10a
Mannschaft, -en, die   Einstieg 8
Markt, ⁻e, der   LK 10 1
Marokkaner, -, der   22 2c*
Marokkanerin, -nen, die   22 2c*
Material, -ien, das   35 9b*
Maus (Tier/Computer), ⁻e, die   Einstieg 9
Medien (Pl.)   25 1*
Medien-AG, -s, die   Einstieg 9   25 1*
Medienakademie, -n, die   26 4a
Medien-Expertin, -nen, die   31 10
Medienmacher, -, der   26 4a
Medienprojekt, -e, das   26 4a
Mehlsuppe, -n, die   LK 7 2
mehr   11 9a   23 1b*
meinen   5 9   27 3b*
meisten   23 1b*
Mensch, -en, der   22 7b*
messen   LK 12 2
Messer, -, das   24 4a*
Metall, -e, das   35 10b*
Mikro, -s, das   Einstieg 9

Mikrofon, -e, das   25 8*
Mikroskop, -e, das   Einstieg 12
Million, -en, die   32 4a*
Millionär, -e, der   32 10b*
Millionärin, -nen, die   32 10b*
mindestens   30 7a
mitgehen   29 6b*
mithelfen   30 9a
mitkommen   20 1b*
mitnehmen   23 3a*
Mitschüler, -, der   24 8a   36 2b*
mitsingen   21 7
mitspielen   32 1a*
Mitspieler, -, der   33 8a
mittags   27 9a*
mittellang   31 4a
Möbel (Pl.)   32 8*
Möbelstück, -e, das   Einstieg 12
Mode, -n, die   2 1a   20 7a*
Model, -s, das   20 7a
Moderator, -en, der   31 10
Moderatorin, -nen, die   31 10
modern   2 13   19 3*
möglich   Einstieg 10   1
Moment, -e, der   31 4a
Monatskarte, -n, die   31 1a*
Moped, -s, das   28 5a*
morgens   27 9a*
Motor, -en, der   22 7b
Motorrad, ⁻er, das   Einstieg 5 2   34 10b*
Mountainbike, -s, das   LK 1 1   32 9*
Mozartkugel, -n, die   27 10
müde   20 5*
Müll (Sg.), der   35 1*
Müllcontainer, -, der   31 9*
Museum, Museen, das   27 5a*
Musikdatei, -en, die   LK 11 1
Musiker, -, der   15 1b   36 4*
Musikerin, -nen, die   15 1b   36 4*
Musikfestival, -s, das   20 6a
Musikwettbewerb, -e, der   LK 11 1
Muttertag, -e, der   21 10a*

Mütze, -n, die   Einstieg 5   29 8a*

N

Nachbar, -n, der   21 3c*
Nachbarin, -nen, die   21 3c*
nachmittags   27 9a*
nachts   AB 27 15*
Nähe (Sg.), die   23 5b*
nähen   LK 7 2
nämlich   27 10
Nase, -n, die 35 5
national   LK 11 1
Nationalität, -en, die   AeB 8
Natur, -en, die   36 2b*
Naturwissenschaft, -en, die   36 6b*
neben   25 6a*
nehmen   19 9b*   29 4b*
nennen   Einstieg 5   32 11*
nervös   19 2b*
neugierig   20 7a*
Niete, -n, die   Projekt 12 3a
Norddeutschland (Sg.), das   36 6
Norden (Sg.), der   34 6b*
Notiz, -en, die   24 1
Nudelsalat, -e, der   33 2b*
nun   21 5
nützlich   35 2a*

O

O-Beine (Pl.)   29 6b*
offen   27 5a*
öfter   29 10a
Öko-Tante, -n, die   20 7a
Oktoberfest (Sg.), das   21 7*
online   26 4a
Online-Spiel, -e, das   AB 31 5
Oper, -n, die   LK 9 1
Operation, -en, die   36 2b*
optimistisch   20 7a*
Orchester, -, das   25 1

Ordnung (Sg.), die   19 9a*
Organisation, -en, die   32 10c
organisieren   25 1*
Ort, -e, der   Einstieg 1   28 1a*
Osten (Sg.), der   34 6b*
Osterhase, -n, der   AB 21 15a
Österreicherin, -nen, die   22 3
    AB22 6a

P

paar   22 1b*
Paar, -e, das   23 1b*
packen   34 7a   35 5*
Pakistan (Sg.), das   AB 32 17
Panne, -n, die   34 10b*
Papier, -e, das   25 5a*
Parkplatz, ⸚e, der   **Projekt 10** 2c
Partnerstadt, ⸚e, die   33 8a
passen   35 2a*
Pate, -n, der   LK 8 2
perfekt   Einstieg 4   33 8a*
Person, -en, die   23 1b*
Persönlichkeit, -en, die   36 2a
Pflanze, -n, die   36 2b*
Physiker, -, der   Einstieg 12
Pirat, -en, der   LK 7 2
Piratenmannschaft, -en, die
    Einstieg 8
Planet, -en, der   Einstieg 2 1
    34 7a*
Plastik (Sg.), das   35 10b*
plötzlich   29 10a   33 8a*
Podcast, -s, der   25 1*
Politiker, -, der   20 7a*
Politikerin, -nen, die   20 7a*
Polizist, -en, der   30 8*
Polizistin, -nen, die   30 8*
Pommes (Pl.)   LK 5 2   21 3a*
Popstar, -s, der   AB 20 11
Portemonnaie, -s, das   28 5a*
Positionsverb, -en, das   AeB 7
Praktikum, Praktika, das   30 5a*
praktisch   35 2a*
präsentieren   27 10*

Preis, -e, der   22 16   AB 30 3*
Preisgeld, -er, das   LK 11 1
Probetraining, -s, das   20
probieren   21 3a*
produzieren   35 1
professionell   31 4a
Professor, -en, der   20 7a*
Profi, -s, der   2 13   36 2b*
programmieren   26 4a*
Projekt, -e, das   LK 3 1a   25 1*
Projekttag, -e, der   35 1*
Projektwoche, -n, die   27 5a
Prospekt, -e, der   29 6b*
protestieren   31 10*
Prozent, -e, das   LK 8 1
Prüfung, -en, die   24 8a*
Psychologe, -n, der   29 10a
Psychologin, -nen, die   29 10a
Publikum, -s, das   31 9*
putzen   35 5*

Q

Quiz, -, das   5 1b   32 1a*
Quizsendung, -en, die   32 1a*

R

Radio, -s, das   17 2a   27 7a*
Radtour, -en, die   27 5a   33 3*
Radweg, -e, der   32 7*
raten   21 3a
Rathaus, ⸚er, das   LK 10 1
Raum, ⸚e, der   25 4b*
reagieren   16 11a   31 10*
Realschule, -n, die   30 6a
Recht haben   22 11*
reden   26 1c*
reflexiv   AeB 7
Reflexivpronomen, -, das   AeB 7
Regal, -e, das   19 5a*
Regel, -n, die   27 9b
Regen (Sg.), der   34 5a*
Region, -en, die   LK 11 1
regional   LK 11 1

regnen   21 6a*
reich   31 10*
reichen   Einstieg 10
reisen   LK 9 1   36 6b*
Rennwagen, -, der   27 10*
Rente, -n, die   32 10c
Rentner, -, der   32 10b*
Rentnerin, -nen, die   32 10b*
Reporter, -, der   28 1b*
Restaurant, -s, das   27 5a*
Rheinufer, -, das   28 1a*
Riesenrad, ⸚er, das   21 7
Roboter, -, der   22 7a*
Rock-Star, -s, der   22 9*
Roman, -e, der   36 2b*
romantisch   20 7a*
Röntgenbild, -er, das   Projekt 12 1
Rose, -n, die   23 1a*
rufen   33 8a*
Ruhe (Sg.), die   22 4b*
ruhig   27 5a*
Russe, -n, der   22 2c*
Russin, -nen, die   22 2c*

S

Safe, -s, der   27 7a*
Salon, -s, der   31 4a
Sänger, -, der   LK 11 1
sauber   27 5a*
Schach spielen   27 10
schaffen   31 10*
Schal, -s, der   29 8a*
Schauspieler, -, der   20 7a*
Schauspielerin, -nen, die   20 7a*
scheinen   34 2c*
schießen   22 1*
Schildkröte, -n, die   AB 22 17a
schimpfen   28 5a*
Schlange, -n, die   32 1b*
schlecht   20 5*
schlimm   19 9b
Schloss, ⸚er, das   LK 1 1   23 1*
Schlüssel, -, der   23 1b*
Schnee (Sg.), der   34 5a*

Wortliste

schneiden **Projekt 3** 1b **25** 1*
schneien **34** 5a*
Schokoladeneis (Sg.), das **29** 4a
Schokoladenmuseum,
   Schokoladenmuseen, das **28** 4a
Schokoladentorte, -n, die **29** 4a*
Schrank, ⸚e, der **19** 5a*
schrecklich **29** 4b*
Schreibtisch, -e, der **19** 5a*
Schriftsteller, -, der **36** 2a*
Schriftstellerin, -nen, die **36** 2a*
schüchtern **Einstieg 10**
Schuhgröße, -n, die **Einstieg 11**
Schulausflug, ⸚e, der **27** 5a
Schulchor, ⸚e, der **Einstieg 11**
Schülerband, -s, die **26** 5a
Schulhof, ⸚e, der **26** 5a*
Schulparty, -s, die **31** 8b
Schulprogramm, -e, das **27** 5a
Schulsachen (Pl.) **19** 9b
Schulstress (Sg.), der **LK 8** 1
schwer **LK 3** 2a **22** 10*
schwierig **24** 2c*
Schwimmsachen (Pl.) **33** 2b*
Sedcard, -s, die **Einstieg 11**
seit **8** 12 **35** 4*
Seite, -n, die **24** 2c*
Seminarraum, ⸚e, der **27** 5a
Semmel, -n, die **19** 4b
Sendung, -en, die **31** 10
sensibel **20** 7a*
Serie, -n, die **Einstieg 2** **32** 1a*
Service, -s, der **26** 4a
Shampoo, -s, das **35** 10a
Shampoo-Flasche, -n, die **35** 10a
shoppen **20** 7a*
sicher **27** 9b*
Silvester (Sg.), das **LK 7** 1
Sinn (Sg.), der **36** 2b*
sitzen **20** 7a
Sitzsack, ⸚e, der **Einstieg 12**
   35 4*
Skateboarder, -, der **Projekt 10** 2c
Skatehalle, -n, die **AB 28** 3
Skateplatz, ⸚e, der **LK 8** 2

Smartphone, -s, das **20** 8*
Smiley, -s, der **AB 20** 14a
so **3** 1a **22** 11*
so … wie **22** 11*
Sofa, -s, das **19** 5a*
sofort **15** 4a **29** 4a
Software, -s, die **LK 12** 2
sogar **22** 11*
Sohn, ⸚e, **28** 5a*
Solarmobil, -e, das **LK 12** 2
Solarzelle, -n, die **LK 12** 2
sollen **24** 2c*
Sommerferien (Pl.) **AB 30** 6
Sommer-Paralympics (Pl.) **36** 2c
Sonne, -n, die **LK 5** 2 **34** 2c*
Sonnenbrille, -n, die **20** 7a*
Sonnenenergie, -n, die **LK 12** 2
Sonnenfinsternis, -se, die **34** 1*
Souvenir, -s, das **21** 7
sowieso **35** 1
sozial **LK 8** 1
Spaghetti-Eis (Sg.), das **29** 4a
Spanier, -, der **22** 2c*
Spanierin, -nen, die **22** 2c*
spannend **30** 9a*
sparen **35** 2a*
speichern **25** 2a*
spenden **32** 10b*
spezial **28** 4a
Spezialbrille, -n, die **34** 3*
Spiegel, -, der **19** 5a*
Spielekonsole, -n, die **27** 7a*
Spielenachmittag, -e, der **LK 8** 2
Spielplatz, ⸚e, der **LK 5** 2
   27 7a*
Spielzeug, -e, das **LK 4** 1
   28 5a*
Sportgeschäft, -e, das **30** 6b*
Sportler, -, der **36** 2b*
Sportlerin, -nen, die **36** 2b*
Sprache, -n, die **LK 1** 1 **22** 2b*
springen **28** 5a*
Sri Lanka (Sg.), das **AB 32** 17
Stäbchen, -, das **24** 4a*
Stadtbus, -se, der **35** 2a

Stadtfest, -e, das **Einstieg 7**
Stadtplan, ⸚e, der **25** 2*
Star, -s, der **Einstieg 9** **31** 9*
stark **20** 3a*
stattfinden **24** 8a **31** 4a*
stehen **8** 15* **34** 2e*
stehlen **28** 5a*
Stein, -e, der **LK 12** 2
Stelle, -n, die **Einstieg 8**
stellen **24** 4b*
sterben **LK 9** 1
Stern, -e, der **LK 4** 2a **34** 7a*
Sterngucker, -, der **34** 7a
Stick, -s, der **25** 6a*
Stiefel, -, der **29** 8a*
Stift, -e, der **25** 7*
Stiftebox, -en, die **35** 11
Stiftung, -en, die **36** 2c
still **34** 1
stimmen **5** 8a **22** 11*
Stock (Sg.), der **36** 1c*
Stoff, -e, der **35** 10b*
stoppen **AB 22** 1
stören **27** 9a*
Stracciatella (Eis) **29** 4a*
Straßenbahnlinie, -n, die **LK 10** 1
Straßenfest, -e, das **20** 6a*
Strategie, -n, die **AB 31** 5
Strategie-Fan, -s, der **AB 31** 5
streiten **20** 3a*
streng **19** 2b*
Stress (Sg.), der **30** 1*
stressig **19** 2b*
Stück, -e, das **29** 4a*
Student, -en, der **22** 7b*
Studentin, -nen, die **22** 7b*
studieren **AB 22** 23 **35** 9b*
Studio, -s, das **5** 5a **22** 2a*
Stuhl, ⸚e, der **19** 5a*
stundenlang **30** 2b
Stundenplan, ⸚e, der **24** 8a*
Style, -s, der **Einstieg 9**
Styling, -s, das **31** 4a
Südamerika (Sg.), das **36** 6b
südasiatisch **AB 32** 17

Südasien (Sg.), das   32 1b
Süden (Sg.), der   34 6b*
superheiß   33 8a
Superlativ, -e, der   AeB 8
superschön   31 10
surfen (im Internet)   25 3*
Surflehrer, -, der   AB 20 11
Surflehrerin, -nen, die   AB 20 11
Sweatshirt, -s, das   29 8a*
sympathisch   Einstieg 5
    AB 20 17a*
System, -e, das   19 9b

T

Tablette, -n, die   31 5b*
täglich   28 1b*
Talent, -e, das   31 4a*
Talent-Show, -s, die   31 4a
Tanzkurs, -e, der   AB 31 8a
Tanzschuh, -e, der   31 1a*
Taschengeld (Sg.), das   11 4b
    26 5a*
Tasse, -n, die   24 4a*
Tausch-Aktion, -en, die   35 8a
tauschen   35 2a*
Tausch-Flohmarkt, ˍe, der   35 2a
Tausch-Party, -s, die   AB 35 14
tausend   32 4a*
Technik (Sg.), die   30 7a
Techniker, -, der   30 7a*
Technikerin, -nen, die   30 7a*
technisch   22 7b
Teilnahme, -n, die   AB 32 12
teilnehmen   Einstieg 8   26 4a*
Teilnehmer, -, der   25 1*
Teilnehmerin, -nen, die   25 1*
Teleskop, -, das   Einstieg 12 1
    34 7a*
Teller, -, der   24 4a*
Temperatur, -en, die   LK 12 2
Tempo (Sg.), das   AB 22 16
Tennisplatz, ˍe, der   AB 23 9a*
Teppich, -e, der   19 5a*
Thema, Themen, das   24 1*

Tierschutzverein, -e, der   32 10c*
Tipp, -s, der   19 9b   29 10a*
Tisch, -e, der   3 5   19 5a*
Titel, -, der   26 5a*
Tochter, ˍ, die   28 1b*
Tonne, -n, die   23 1b
Top, -s, das   31 1a*
Topmodel, -s, das   20 7a
    AB 31 13
Torschütze, -n, der   22 7b
Torte, -n, die   21 4*
Torwart, -e, der   22 1*
Tour, -en, die   27 10
Tourist, -en, der   LK 5 2   28 4a*
Touristin, -nen, die   LK 5 2
    28 4a*
Tower (Sg.), der   30 9a
tragen   21 7*
Traum, ˍe, der   5 5a   36 2b*
Traumberuf, -e, der   20 7a
träumen   Einstieg 7
Traumschule, -n, die   22 6*
traurig   18 1b   20 1b*
treffen (sich)   7 8   20 1c*
Treppe, -n, die   20 1c*
T-Rex (Sg.), der   AB 22 17a
Trial-Fahrer, -, der   28 1b*
trösten   28 5a*
trotzdem   LK 9 1   32 2*
tun   19 9a
Türke, -n, der   22 3*
Türkin, -nen, die   22 3*
Turm, ˍe, der   28 4a*
Tutor, -en, der   LK 8 2
TV-Show, -s, die   20 7a
Typ, -en, der   Einstieg 10

U

U11 (unter 11 Jahren), die   22 2b
über   25 6c*
überhaupt   29 9*
Übung, -en, die   24 8a*
Ufer, -, das   28 1a*
Umfrage, -n, die   23 1b

Umwelt (Sg.), die   35 1*
Umwelt-Magazin, -e, das   AB 35 6
Umweltschutz (Sg.), der   35 1*
umziehen   12 2   20 1b*
Umzug, ˍe, der   LK 7 2   22 11*
unbedingt   18 3b   25 6a*
unfreundlich   AB 20 12*
ungeduldig   Einstieg 10
unglücklich   AB 20 15*
unhöflich   29 5*
Universität, -en, die   22 7b*
unpünktlich   20 7a*
unromantisch   AB 20 12
uns   21
unsensibel   AB 20 15*
unser/unsere   LK 3 2a   19 2b*
Unsinn (Sg.), der   22 11*
unsympathisch   AB 20 14*
unter   25 6a*
Untersuchung, -en, die
    AB 22 17a
Upcycling (Sg.), das   35 9b*

V

Vampir, -e, der   LK 7 2
Vanille (Sg.), die   29 4a*
verabredet sein   21 2a*
verboten sein   23 1b*
verheiratet   36 2c*
Verkäufer, -, der   30 8*
Verkäuferin, -nen, die   30 8*
verkleiden   LK 7 2
verletzen (sich)   28 5a*
verletzt sein   36 2b*
verliebt sein   20 5*
verreisen   24 8a*
Versammlung   LK 10 1
verschenken   21 7
verschieden   Einstieg 8
versuchen   19 9b*
Verwandte, -n, die/der   35 6b*
Videofilm, -e, der   26 4a*
Videokamera, -s, die   27 4*
Vogel, ˍ, der   28 5a*

Wortliste

Vokabeltest, -s, der   24 1*
Volksfest, -e, das   21 8*
Volleyballplatz, ⁻e, der   27 7a
von ... an   34 1
vor (lokal)   25 6c*
vor allem   20 7a
vor kurzem   29 10a
vorbei   28 4a
vorbereiten   24 1*
vorher   33 8a*
vorhin   31 3*
vormittags   AB 27 15*
vorn   20 7a
Vorschlag, ⁻e, der   AB 35 17a*
vorschlagen   27 3b*
vorsichtig   29 13a*
vorstellen (sich)   20 7a   25 1*
Vortrag, ⁻e, der   36 1b*
Vulkan, -e, der   LK 12 2

W

VW-Bus, -se, der   34 10b*
wählen   28 1b*
wahrscheinlich   24 2c*
Wand, ⁻e, die   19 6*
Wärmebildkamera, -s, die   LK 12 2
Waschmaschine, -en, die   32 8*
Wasserflasche, -n, die   31 1a*
Wassertaxi, -s, das   LK 10 1
WC, -s, das   27 5a
Webcam, -s, die   Einstieg 9
Webseite, -n, die   Einstieg 9
   25 4a*
Wechselpräposition, -en, die   AeB 9
weg   20 1b*
Weg, -e, der   33 4*
weggehen   29 1a*
wegnehmen   23 1b

wegwerfen   35 1*
Weihnachtsbaum, ⁻e, der   LK 7 2
   AB 21 22
Weihnachtskeks, -e, der   LK 7 2
weil   19 9b   26 1c*
weinen   28 5a*
weit   20 1b*   29 6b*
weiter   19 9b
weiterarbeiten   22 7b
weitermachen   32 1a*
Weltall (Sg.), das   Einstieg 12
weltberühmt   LK 10 1
Weltmeister, -, der   22 7b
Weltmeisterschaft, -en, die   22 7b
Weltrekord, -e, der   AB 32 12
wenigstens   25 6a
wenn (... dann)   31 5b*
werden   9 3a   30 7a*
werfen   23 1b   31 10*
Werk, -e, das   LK 9 1
Westen (Sg.), der   34 6b*
Wettbewerb, -e, der   10 7
   26 4a*
Wetter (Sg.), das   AB 33 5   34 1*
wichtig   Einstieg 4   AB19 1*
wiederkommen   28 4a
wiegen   22 7b
Wiese, -n, die   20 7a*
willkommen   Einstieg 3   27 9b*
Wind, -e, der   34 5a*
windig   34 5a*
Wissenschaftler, -, der   36 2a*
Wissenschaftlerin, -nen, die
   36 2a*
wissenschaftlich   36 6b
Witz, -e, der   20 7a*
witzig   20 7a*
WLAN (Sg.), das   22 7b
wohlfühlen (sich)   36 6b

Wolke, -n, die   34 2c*
Wörterbuch, ⁻er, das   32 7*
wunderbar   Einstieg 9   32 10c*
wünschen (sich)   7 10a   29 8b*
Wurst, ⁻e, die   21 3a

X

X-Beine (Pl.)   29 6b

Z

Zeichner, -, der   36 2c
Zeichnung, -en, die   AB 32 17
Zeitungsständer, -, der   35 10a*
Zelt, -e, das   21 6a*
Zentimeter, -, der   22 10*
Zentrum, Zentren, das   LK 6 3
   27 5a*
Zeugnis, -se, das   24 8a*
Zirkus, -se, der   35 5*
Zoo, -s, der   27 5a*
zu (+Dativ)   21 10a*
zu (+Adjektiv)   26 7a*
zu tun haben   36 6b
zuerst   Projekt 5 2   27 11*
zufrieden   Einstieg 10   30 9a*
zuhören   20 7a*
zum Beispiel   23 1b*
Zumba® (Sg.), das   21 3a*
zurückgeben   28 5c*
zurückstellen   35 2a
zuschauen   28 1b*
zwischen   LK 5 2   25 6a*